JN223474

シン・相続対策

税理士等ではなくて「財産コンサルタント」に任せたほうが良いという真実

株式会社財産ブレーントラスト
代表取締役社長
成島 祐一 著

プラチナ出版

はじめに

このところ、週刊誌の編集者から「今度、相続特集を組むんですけど、コメントいただけませんか？」といった問い合わせが増えてきています。

そういえば、新聞や週刊誌等の特集に「相続」の文字を見ることが増えたようにも感じます。

２０２３（令和５）年10月１日現在、日本の人口１億２４３５万人のうち、65歳以上の高齢者は３６２３万人で、高齢化率は29・１％となっており、将来予測では２０４０年には、３９３７万人まで増え、高齢化率はなんと34・８％になるといわれています。

高齢化が進む日本では、「相続」が身近で、そして重要な関心事になってきているとご理解いただけると思います。

しかしながら、「相続」は人生のうちでそう何回も経験することではないので、どんな対策をとればよいのか？　相続発生後にはどのような手続をすればよいのか？　などわからないことだらけだと感じている人も少なくないでしょう。

　では、相続の事前対策や事後対応は誰に相談すればよいのでしょうか？　真っ先に思い浮かべるのは「税理士先生」でしょうか？

　しかし、本書でくわしく述べていきますが、税理士は「税」の専門家であって「相続」の専門家ではありません。さらに相続における税理士の主な仕事は「申告」です。それ以外の業務はなかなか引き受けてはくれません。ところが統計によると年間に亡くなる人のうち、相続税の申告が必要な人は、約9～10％です。つまり、相続において、税理士が積極的にかかわってくれそうなのは、この約9～10％のケースだけです。それ以外の相続税のかからない方の相続は取り扱わないケースがほとんどでしょう。

　一方で、遺産分割がまとまらず、家庭裁判所へ調停や審判を申し出るケースを財産別でみてみると、相続財産の総額が、5000万円以下の方が75％以上を占めているという統計結果があります。家族だけで「相続」の事前対策や事後対応にあたってしまうと、結果としてうまくいかないケースが多い…ということです。だからこそ、相続全体を俯瞰《ふかん》的に見ることができて、仕切ってくれる人が必要なのです。

そのためにみなさんにオススメしたいのが、「相続のプロ」にかかわってもらう、です。

この本では、真の「相続のプロ」は、「財産コンサルタント」であると書いています。

その「財産コンサルタント」は、どのようなことを行ってくれるのか？　また、どんな考えをもって「相続」に取り組んでくれるのか？　をわかりやすく書いたつもりです。

いつか必ず起こる「相続」。そのときにあわてないためにも、この本がみなさんの相続対策にお役に立てれば大変うれしい限りです。

目次

第1章 相続対策で大切なこと

第2章

相続対策の落とし穴

第3章 相続対策のプレイヤーたちの「立ち位置」を知っておこう

第4章

相続対策①　分割

第5章　相続対策②　納税・節税

第6章

円満相続（＝爽続）で最も大切にすべきは「感情」である

カバーデザイン　吉村朋子／イラスト　川田あきひこ
DTP　トウェンティフォー

第1章

相続対策で大切なこと

●なぜ相続対策が必要なのか？

多くの人は、親などが元気なうちはあまり「相続」というものを意識しないのではないでしょうか。しかし、相続というのは、たいていの人が人生のどこかで経験します。いってみれば、ライフイベントの1つなのです。

そして、「はじめに」でも述べたとおり、「相続対策」というものも、「一部の資産家にとってだけ必要なもの」ではありません。実際に相続税の申告が必要な人はひと握りです。国税庁の統計をみても、たとえば2022（令和4）年の場合、その年に亡くなった人（被相続人）のうち、相続税の申告が必要だったのは約9・6％です。つまり、相続税の対象となるのは、その年に亡くなった人の1割程度なのです。

一方、遺産分割がまとまらず家庭裁判所へ申し立てる人たちの財産額をみると、1000万円以下が約33・6％、5000万円以下が約42・7％。つまり**8割近く**

（約76・3％）が5000万円以下の相続財産額なのです。

そして、これくらいの財産額の場合、基礎控除のほうが大きいため、相続税がゼロになるケースが大半です。たとえば、相続人が配偶者と子ども2人の場合、基礎控除は次の金額になります。

3000万円＋（法定相続人・3人×600万円）＝4800万円

この場合、相続財産が4800万円以下であれば基礎控除の範囲内のため、相続税はゼロになるわけです。相続財産5000万円であっても、相続税の総額は20万円（配偶者控除適用前）。決して納税資金づくりに奔走しなければいけない額ではないと思います。

ところが、遺産分割がまとまらず家庭裁判所への申し立てにまで至ってしまうケースの多くは、相続財産額が5000万円以下。つまり、圧倒的に相続税が課税されない家族なのです。この事実を知ってしまうと、「ウチは相続税を申告するほどの資産はないから、相続対策は必要ない」では済まされないと実感されるのではないでしょうか。

●最も、もめやすいのは遺産分割

そして、**相続で最も、もめるのが、遺産分割**です。

ここで相続の流れを簡単に確認しておきましょう。

相続は、被相続人が亡くなったときにスタートし、左の図表1－1のような流れになります。

この流れにあるとおり、遺言書がある場合は、原則、それに従って遺産分割をしていけばよいので、それほどもめません（遺言書の内容が不平等な場合、遺留分侵害額請求が実施され、家庭裁判所への調停申立てに至る場合もありますが）。

図表1－1 相続の主な流れ

被相続人の死亡

↓

7日以内：死亡届の提出

相続についての5つの段階

第一段階

相続人の確定および相続財産確定

相続人を確定するとともに被相続人がどのような財産を所有していたか確認する。

・戸籍・印鑑証明などの書類や財産を確定するための資料を収集する。
・**相続放棄や限定承認を行う人は、相続の発生日から3カ月以内に手続をする必要あり。**

第二段階

準確定申告

被相続人の1月1日から亡くなった日までの所得税の確定申告（準確定申告）を行う。

・相続の発生日から4カ月以内に行う。

第三段階

相続財産の概算評価・相続税の試算・遺産分割協議

遺言書がない場合、相続人全員で財産をどのように分けるかを話し合う。

・話し合いがまとまったら、『遺産分割協議書』を作成し、相続人全員に署名捺印する。
・遺言書があり、遺言書を執行する場合には遺言書どおりに相続税の申告を行う。

第四段階

相続税の申告書提出・納税

申告書を税務署に提出し、相続税を納税する。

・申告期限は、亡くなった日から10カ月後。
　この日までに、申告書を税務署に提出し、納税。

第五段階

各種名義変更手続

遺産分割協議（または遺言書）に基づき、各種名義変更手続を行う。

一方、遺言書がない場合は、相続人が集まって遺産分割協議を行う必要があります（第三段階）。そこで相続人それぞれが、何をどれくらいもらうかを話し合っていくのですが、これが結構、もめやすいのです。

身内同士の気楽さで、お互いに言いたいことが言いやすいことも大きいのでしょう。それぞれが自分の取り分を主張し合って収拾がつかなくなったり、「お前がそんなにもらえるのはおかしい」と不満を露骨に示したり、「あのとき、お前は相続を放棄するって言っていただろう」「放棄するとまでは言ってない」と言った言わないの話になったり……。

そして、相続財産額が基礎控除内に収まり、相続税の申告・納税が必要ない場合、申告・納税に間に合わせるために「10カ月以内」に決着をつける必要がある（第四段階）という縛りもありません。そのため、もめだしたらなかなか収拾がつかなくなってしまいがちなのです。

被相続人としては、自分の死後、自分が遺した財産のせいで、家族がバラバラになってしまう……というのは、本当に切ないことですよね。

こうした事態に陥ってしまうのは、生きているうちに、相続人など相続にからむメンバーたちと、遺産分割について十分に話し合っておかなかったことや、相続人たちが納得し得る内容の遺言書をきちんと作成してこなかったことが大きいと思います。

先述したとおり、遺産分割がまとまらず家庭裁判所へ申し立てるケースの約8割が、相続財産が5000万円以下の家族です。相続財産の多い・少ないに関係なく、どのご家族でも被相続人が生きているうちに、遺産分割を含めた相続対策を十分に進めておく必要があるのです。

●相続対策をする3つの目的

一方、相続税の申告が必要、もしくは必要かもしれないご家族の場合、避けたいのは、遺産分割でのもめ事だけではありません。

第2章では起こりがちな「相続対策の失敗パターン」を紹介しますが、相続対策はしていたはずなのに、いざ相続がスタートしたら想定以上に高い相続税を支払うことになり、親から受け継いだ財産の多くを失った……というケースも少なくありません。

こうした事態に陥るのは、相続対策のやり方が間違っていたからです。

後述しますが、相続対策の大原則は「**分割対策→納税対策→節税対策**」の順番で進めることです。この順番を間違えてしまうと、納税資金が足りず、その資金をつくるために財産の大半を失う羽目になったとか、行き過ぎた節税対策で税務署に目をつけられ、結局、高い相続税を納税することになった……といった事態に陥る可能性があります。

私は相続対策をする目的は次の3つだと考えています。

①もめることなくスムーズに遺産分割をするため

②適税レベルまで相続税を減らし、先祖から受け継いだ財産をしっかりと次世代に引き継ぐため

③相続税をきちんと納税できるようにするため

この目的を達成するために、相続人が生きているうちに相続対策を十分にしておく必要がありますし、この次に述べる相続対策の原理・原則を順守して対策を進めることが肝要なのです。

●相続対策の順番は「分割→納税→節税」

では、相続対策の原理・原則とはどのようなものでしょうか。

相続対策は大きく「**分割対策**」「**納税対策**」「**節税対策**」の3つから成っています。これらは「**相続対策の三原則**」と呼ばれるもので、スムーズな相続を実現するには、これら3つの対策をしっかりやっておくことが欠かせません。

相続対策の原理・原則では、これら3つの対策を「どの順番で行っていくか」が、重要になります。

では、質問です。あなたはこれらの3つの対策のうち、何から着手しますか？

資産があり、相続税が生じる可能性がある場合、できるだけ相続税額を減らしたいという想いから「まず節税対策から取り組む」というケースが少なくありません。

しかし、節税対策から取り組んでしまうと、「相続対策の失敗パターン」に陥る可能性がグンと上がってしまいます。

よくある失敗パターンが、納税対策より節税対策を優先してしまったがために、税額は減少したものの「ゼロ」にはならず、納税資金が不足し、その資金づくりのために資産を売却せざるを得なくなった……というケースです。こうなると、「何のための節税対策だったのか?」となってしまいます。

また、分割対策よりも節税対策を優先した結果、分割しづらい財産となり実際に相続が発生したとき、その分割でもめてしまう……というケースもよくあります。

分割がまとまらなくても、相続税の申告期限は来ます（被相続人が亡くなった日から10カ月後）。期限までに申告しないと延滞税や無申告加算税などが、本来納めるべき税金にプラスされてしまいます。

一方、期限までに申告した場合でも、未分割のままでは、税金を減額してもらえる各種特例が使えないため、その分、本来納税すべき額よりも多めに納税することになります（ただし、その後、3年以内に分割が整えば、特例が適用となり、多く払った分は還付してもらえます）。

分割がまとまらない場合に起こる問題は金銭的なことだけではありません。家族関係が修復不可能なまでにこじれてしまうこともあります。金銭的な損害よりも、こちらの損害のほうがはるかに悲劇だと思います。

では、こうした失敗パターンを避けるために、「相続対策の三原則」をどの順番で着手するのがよいのでしょうか。それは次の順番です。

①分割対策 ← **②納税対策** ← **①節税対策**

何よりも優先すべきは「**分割対策**」です。実際、遺産分割は相続対策の中で最も手こずりやすく、調整に時間がかかります。

相続の対象となる財産がすべて現金であれば、分割もしやすいのですが、実際はそうではありません。不動産もあれば、有価証券もあり、書画骨董などもあります。借金などのマイナスの財産もあります。こうした多種多様な形をしている財産を、将来に禍根を残さないように相続人全員が納得できる形で、公平感を持って分割していくのは簡単なことではありません。

また、遺産分割は、これまでくすぶっていた家族間の争い火種が一気に発火する局面だったりもします。それらを乗り越えて、お互いが気持ちよく相続できる着地点を見つける必要もあります。

「相続は**感情**と**勘定**の交差点」といわれたりもしますが、「感情」という部分が大きくからんでくるゆえに、遺産分割はひと筋縄ではいかないのです。だからこそ、三原則の中で最優先に取り組み、家族間で十分にコミュニケーションをとりながら、ある程度の時間をかけ、丁寧に対策を講じていく必要があるのです（分割対策については第４章でくわしく解説します）。

ある程度、誰がどの財産を相続するかの分割案がまとまってきたら、次に「**納税対策**」を検討します。

この対策をしっかり練っておかないと、先述したとおり、「納税資金が不足する」という事態に陥りかねません。そうなると、相続財産だけでなく、場合によっては個人の財産も納税に充てざるを得なくなることもあります。

そのため、分割案がある程度決まったら、相続税の総額、各相続人の相続税の負担額を試算していきます。それらの金額がわかれば、そのための資金づくりの計画も立てやすくなります。

また、相続するまでにある程度、時間的な余裕があれば、時間を味方につけて納税資金も貯めやすくなります。その意味でも、相続税が発生する可能性がある家庭では、早め早めの納税対策が必要なのです（具体的な納税資金づくりについては、第5章で解説します）。

そして、納税資金づくりに着手したあたりから、それと合わせて検討していきたいのが、「**節税対策**」です。「もう少し納税額を少なくできないか」という観点から節税対策を検討していくのです。

繰り返しますが、この順番を間違えると、とくに節税対策から入ってしまうと、大失敗の基《もと》です。もめずに分割し、かつ適税を納税し、次世代に財産を引き継ぐためにも、この順番は遵守してください。

●税務署が目を光らせる「租税回避行為」

「節税対策」にばかりに力を入れることのリスクは、分割対策や納税対策が疎かになってしまうだけではありません。行き過ぎた節税対策は、税務署から「**租税回避行為**」とみなされるリスクもあります。そうなれば、多額の相続税を納める事態になりかねません。

租税回避行為とは、税法が想定していない不自然・不合理な方法での取引を採用することで、税負担を軽減もしくは回避する行為のことです。

そこで採用される方法は「一般的ではない」ものの、法律は違反していません（つまり合法）。そのため、明らかに税法違反の行為である「脱税」とは異なります。一方で、税法に規定されている控除や非課税制度など利用して税負担を軽減する「節税」に比べると、税法的にグレーであることは否めません。

そのため、しばしば税務署から「それは明らかに租税を回避する意図で行いましたね」と指摘され、追徴課税を課せられることがあります。

そして、昨今は相続税の節税対策としてハウスメーカーや金融機関などから提案される方法が税務署から異議を付けられるケースが増えてきています。

その1つが、収益不動産を購入し、その際に金融機関から多額の借入れをして、相続税をゼロもしくは軽減させる、という節税対策です。この節税対策に対して、「相続税の節税対策として、明らかにやり過ぎだ」という判決が、2022年4月最高裁判所から出されました。

ここでこのケースについて簡単に解説していきましょう。

90代だった佐藤さん（仮名）は相続対策のため2009年に2棟のマンション

を購入します(甲：8億4000万円、乙：5億5000万円)。その際、金融機関から甲用に6億3000万円、乙用に3億8000万円の借入れをしました。その後、佐藤さんは2012年に死亡し、相続が発生します。

相続財産の評価方法として、土地については相続税用の路線価が用いられ、建物については固定資産税の評価額が用いられます。このケースでは、それらの評価方法によって最終的に3億3000万円の評価額となり、購入の際の借入れもまだ残っていたため相続財産は基礎控除以下となりました。その結果、相続税はゼロ。これに対して税務署が「おかしい!」と異議を唱えたわけです。

そこで、税務署サイドでは改めて不動産鑑定士に評価を依頼。その結果、甲・乙を合わせた評価額は約12億7300万円となり、その評価額に基づき算出された相続税は2億4000万円。それプラス「加算税、延滞税も払いなさい」と、税務署サイドは佐藤さんの相続人に命じたのです。

ところが、相続人サイドではそれを不服とし、その結果、相続人と国税当局とが裁判で争うことになりました。そして、国税不服裁判所→地方裁判所→高等裁判所と相続人側が敗訴。最高裁判所においても、「相続税を減らす目的のために購入した」ということが税負担の公平さに反するということで、国税当局の行った追徴課税の処分は「適法」という判決が下されたわけです。

「不動産事業をやろう思って購入しました」という場合、税務署は「**収益性**」という部分をしっかりみます。収益性がきちんとある不動産であれば、相続税の申告したときに、「節税対策でもあるんだろうな」と気が付いていても、税務署は頭ごなしに否定することはしてきません。

一方、収益性がない不動産に対しては、

「それは租税回避行為ですよね」となって、税金をしっかり納めるようにいってきます。このケースでの2つの物件は収益性も低く、購入した佐藤さんは購入時すでに90代でした。税務署としては「不動産事業をするためではなく、相続税の節税目的のためですよね。そういうやり方は租税回避行為であり、税務署としては認められません」と結論を下したわけです。

税務署はあらゆる節税対策に対して「ノー」と言ってくるわけではありません。彼らが「ノー」の判断を下すのは、「これは明らかにやり過ぎだろう」節税対策に対してです。そういうものに対して、「それは脱税ではありませんが、明らかに租税回避行為ですよね。本来課されるべき税金を適切に納めてください」と言ってくるのです（その「やり過ぎ」のレベルや範囲も税務署の担当者によって異なるのでなかなか見極めが難しいところではありますが……）。

そして、節税対策ばかりに目がいって、分割対策や納税対策を後回しにしてしまうと、往々にしてこの「やり過ぎ」のレベルになってしまい、結果的に追徴課税となってしまいがちです。

●相続対策によって、財産をムダに減らすことなく「適税」を納める

「相続税」というと、多くの人は「できれば納めたくない」というのが本音だと思います。ただ、納税は国民の義務であり、相続税をゼロにするために、行き過ぎの節税対策をしてしまうのはいかがなものかと思います。

そのため、当社がお客様につねにご提案しているのが、「**適税**（適切な税金）を納める」です。

税法上で納税を免除される制度があるならば大いに利用し、無理のない節税対策を講じていく。その上で、必要に応じて「適税」を納めていく。さらにその前に、分割対策と納税対策を十分に講じておく。

そうすることで、「もめずに分割」を実現でき、実際に相続税が発生した場合には、親や先祖が残してくれた財産をムダに減らすことなく適税を納税すること

ができます。

繰り返しますが、相続対策＝節税対策という考え方は捨てましょう。相続対策は、**分割対策→納税対策→節税対策**の順番で進めていくことです。

この発想をつねに意識することが、先述した相続の3つの目的、「もめずに分割し、かつ適税を納税し、次世代に財産を引く継ぐ」を実現するための鍵になるのです。

第2章

相続対策の落とし穴

●誤った節税対策によって「後悔の残る相続」に……

「大相続時代」という言葉があります。高齢社会のなかで年間の死亡者数が150万人を超え、それに伴い発生する相続の件数も増加している社会状況を表現したものです。そうしたなか、相続に関する情報へのニーズも高まっており、さまざまなメディアにおいて「相続」の言葉を目にすることが多くなってきています。

さらに、大相続時代において相続関連のビジネスは今や右肩上がりです。相続市場には、税理士などの士業だけでなく、ハウスメーカーや不動産会社、金融機関などさまざまな業界が次々と進出してきています。

このように、相続に関する情報が身近になり、一般の人たちにとっても簡単に手に入りやすくなったことは喜ばしいことだと思います。その一方で、部分的な情報だけで相続対策（主に節税対策）をしてしまい、結果的に後悔の残る相続となってしまう……というケースもしばしば見受けられます。

相続対策は、第1章で述べたとおり、「**分割対策**」「**納税対策**」「**節税対策**」の3つを、「**分割対策↓納税対策↓節税対策**」の順番で進めていくことが必須です。また、相続に関わる税法上のさまざまな制度についても複眼的に見ていくことが必須です。

こうしたことが抜け落ちて、アンバランスな相続対策をしてしまうと、思いもよらぬ「落とし穴」に陥ってしまいがちです。

そこで本章では、相続対策のいわゆる「失敗パターン」というのを見ていきたいと思います。

【失敗パターン①】遺産分割での失敗（1）

●「借入れ」を活用した節税対策で陥りがちな落とし穴

最初にご紹介するのが、借入れを活用した節税対策で相続税試算額が「ゼロ」になったはずが、実際の相続では、一部の相続人に相続税が発生してしまった、というケースです。

鈴木さん（仮名）は相続税の節税対策として、収益賃貸アパートと収益賃貸ビルを1棟ずつ購入。アパートは土地・建物を3億円で購入し、そのうち借入れは2億円、一方、ビルのほうは土地・建物を5億円で購入して、そのうち借入金は3億5000万円でした。その結果、2棟合わせて5億5000万円の借入れとなり、この収益賃貸アパートを含めた鈴木さんの総資産の相続評価合計はマイナス1億2000万円となり、その結果、相続税試算額は「ゼロ」になりました。

その後、鈴木さんは亡くなり、子ども3人（妻はすでに他界、子どもは長男・長女・次男という構成）が相続人となり、次の形で分割することになりました。

■長男
鈴木さんの自宅（土地・建物）、賃貸アパート（借入金）、賃貸ビル（借入金）、預貯金
■長女
預貯金
■次男
次男の自宅の土地、預貯金

相続税については、被相続人の鈴木さんが試算した際には相続税試算額は「ゼロ」だったため、きょうだい全員がそれぞれ受け継いだ相続財産に対して、相続税はゼロだろうと思っていました。

ところが、この分割に基づいてそれぞれの相続税を計算してみたところ、長男はゼロだったものの、なんと長女には約５４０万円、次男には約３８０万円の相

続税が課せられたのです。

なぜ、こうした事態が起こってしまったのでしょう。

その大きな要因は、被相続人の鈴木さんが行った節税対策が「借入金」を活用したものだったことが挙げられます。

鈴木さんの相続税試算額がゼロになったのはプラスの財産よりマイナスの財産（借入金）が多かったからです。そして、マイナスの財産を引き継いだのは長男だけです。長女と次男はプラスの財産のみを相続しました。

図表2−1　家系図

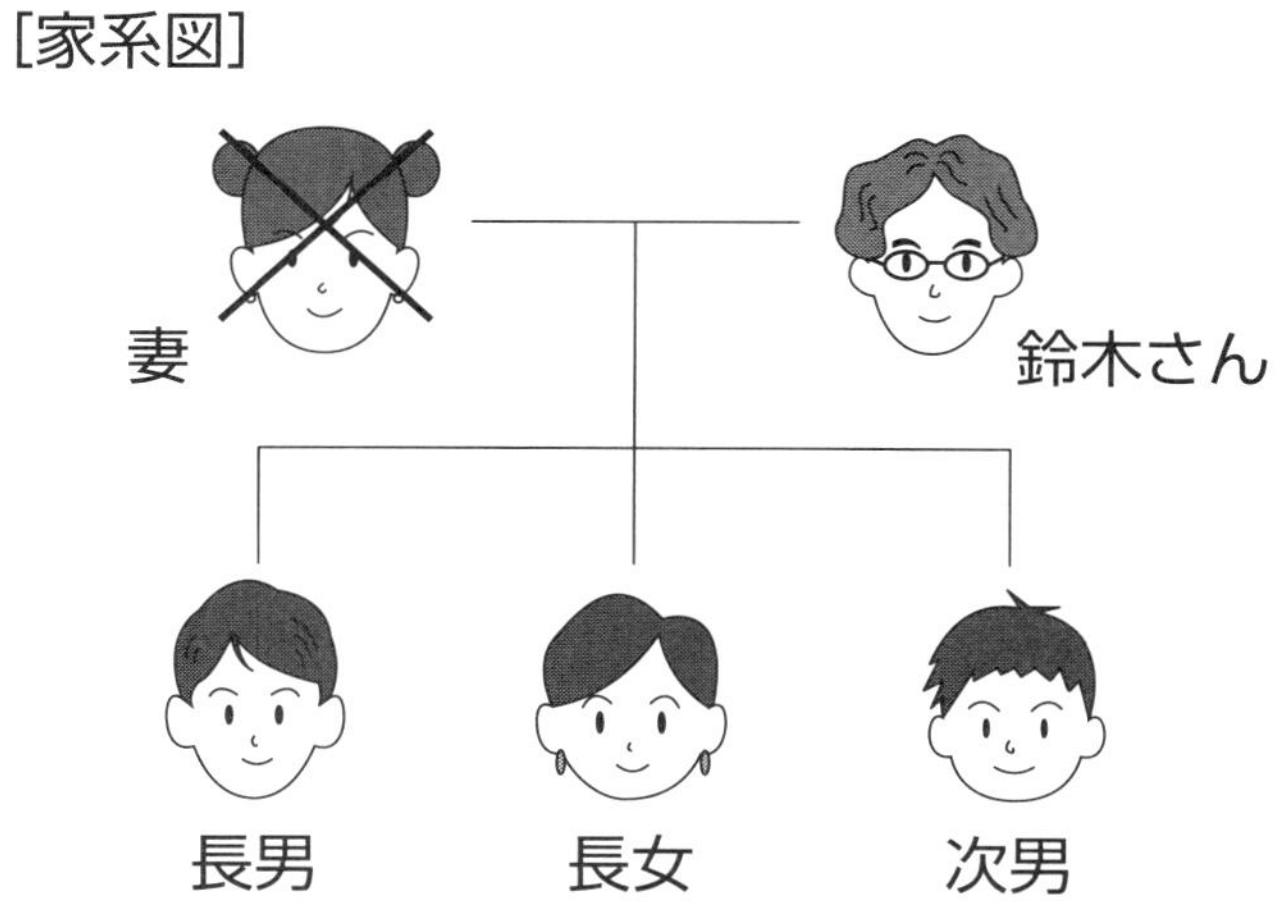

図表2−2　鈴木さんの主な財産

自宅

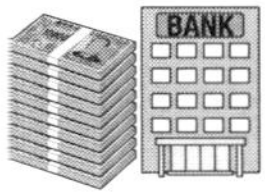

預貯金

次男の自宅の土地

【資産】　（単位：千円）

自宅：土地	20,000
次男：底地	30,000
賃貸アパート：土地	60,000
賃貸ビル：土地	120,000
	230,000
自宅建物	20,000
賃貸アパート：建物	30,000
賃貸ビル：建物	50,000
	100,000
現預金	100,000

小規模宅地の評価減後

収益賃貸アパート
（土地・建物を3億円で購入）
借入金あり

収益賃貸ビル
（土地・建物を5億円で購入）
借入金あり

【債務】

アパート借入金	−200,000
ビル借入金	−350,000
	−550,000
相続評価合計	−120,000
相続税資産額	0

3億円のうち2億円借入れ

5億円のうち3.5億円借入れ

図表2－3　遺産分割結果と各人の相続税負担額

（単位：千円）

【資産】		長男	次男	長女
自宅・土地	20,000	20,000		
次男：底地	30,000		30,000	
賃貸アパート：土地	60,000	60,000		
賃貸ビル：土地	230,000	120,000		
	340,000	200,000	30,000	0
自宅建物	20,000	20,000		
賃貸アパート：建物	50,000	30,000		
賃貸ビル：建物	50,000	50,000		
	120,000	100,000	0	0
現預金	100,000	10,000	20,000	70,000
【債務】				
アパート借入金	－200,000	－200,000		
ビル借入金	－350,000	－350,000		
	－550,000	－550,000	0	0
	取得財産	－24,000	50,000	70,000
	概算相続税	0	3,875	5,425

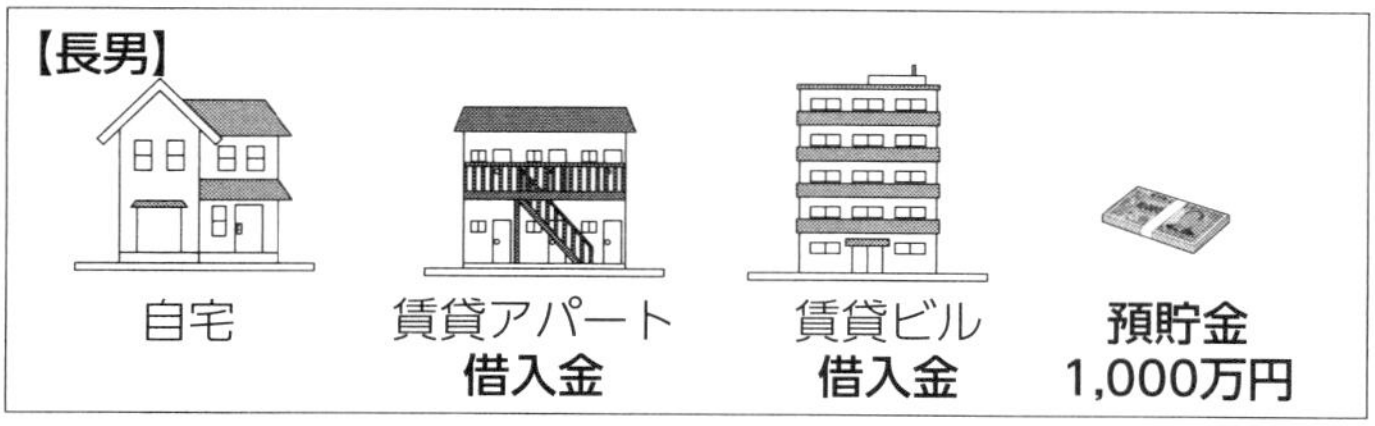

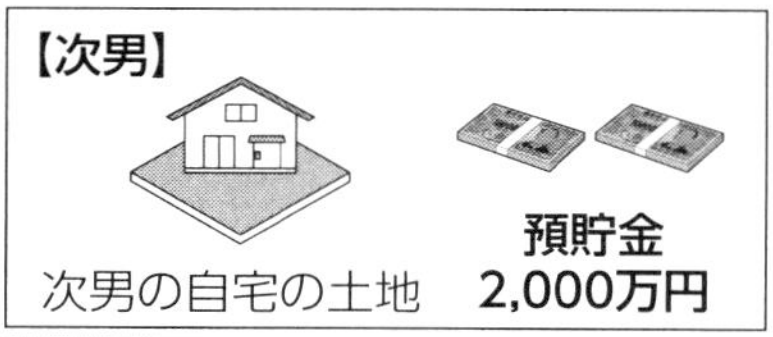

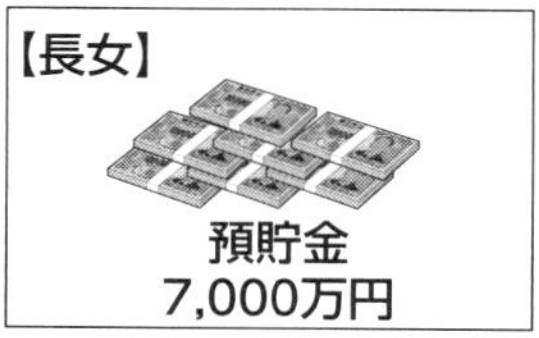

相続税『ゼロ』のはずが、
遺産分割によっては、税金が発生する!

その結果、鈴木さんの資産において節税対策となっていたマイナスの財産の効果は、それを引き継いだ長男にしか発揮されず、長女と次男は相続税を納税することになってしまったのです。

●借入れによる節税効果は、基本的に時間とともに薄れていく

借入れを活用した節税対策では、このタイプの失敗ケースが結構多いです。

被相続人も相続人も、「相続税試算額：ゼロ円」という数字をみれば、相続する全員がそうなんだろうと思い込んでしまいがちです。実際、相続税関連の書籍を見ると、「全体で算出された相続税額を、各々が取得した財産の割合で案分する」と書いてあったりしますから、「ゼロに何かけてもゼロだから、相続人全員が相続税はゼロだ」と思ってしまうのも致し方ない気がします。

しかし、この失敗パターンが教えてくれるとおり、トータルの財産で相続税がゼロになったとしても、分割され相続された個々の税額もゼロになるとは限りま

せん。節税対策においては、分割後のそれぞれの財産に課せられる相続税にまでしっかり目を配る必要があるのです。

そしてもっと言うならば、そもそも「借入れで相続税をゼロにしよう」とはあまり考えないほうがいいと思います。相続税がゼロになるには、かなりの借入れがあった場合です。20年以上、相続対策のコンサルティングの仕事をしている私の実感として、節税対策で相続税を減らすことはできても、ゼロにすることは簡単ではないのです。

さらに、**借入金は返済によってだんだん減っていきます**。つまりマイナスの財産はきちんと返済し続けている限り、時間とともに減っていき、それと比例して節税効果も薄れていくのです。このことは、借入れを活用した節税対策をする場合に必ず頭の中に留めておいてください。

● 公平な分割を目指すのなら、「代償金」を活用する

では、相続人の間で、ある人は「相続税なし」で、ある人は「相続税あり」という不公平が生じてしまった場合、どうすれば今後にしこりを残さないですむでしょうか。

オススメしたいのが、**「代償金」**の方法を使うことです。

この場合であれば、相続税ゼロの長男が、それぞれのきょうだいが納税する金額を代償金という形でそれぞれに渡すことになります。この際、遺産分割協議書には、その旨をきちんと書いておきます。

こうした方法をとらずに、長女や次男にだけ納税の負担を負わせてしまうと、その後、きょうだい関係もこじれやすくなります。爽続で終わらせるためには、「自分には相続税が生じなくてよかった」ではなく、他の相続人の負担を軽くするにはどうすればいいのかといった思いやりの気持ちが非常に大切だと思います。

【失敗パターン②】遺産分割での失敗（2）

●一次相続で二次相続を見据えた分割をせず失敗

次に紹介するのは、一次相続において、二次相続を考慮に入れないで遺産分割したことで起こった失敗ケースです。

両親と子どもという家族構成の場合、その家族で起こる相続は1回だけではありません。親のどちらかがまず亡くなった際の相続（一次相続）、その後にもう一人の親が亡くなった際の相続（二次相続）と、最低でも2回は相続が起こります。

この場合、一次相続では、被相続人の配偶者と子どもとでの相続となり、その配偶者が亡くなった場合の二次相続では、主にその子ども（場合によっては孫）が相続することになります。

そして、被相続人となるご両親がそれぞれかなりの資産を持っていらっしゃる場合、たとえば、一次相続では「配偶者の税額軽減の特例」（後述）を使って相続税を低めに抑えられたとしても、その遺された配偶者が亡くなった際の二次相続でビックリするような相続税額になってしまう……ということが起こり得ます。田中太郎さん（仮名・夫）・和子さん（妻）のご夫婦（子ども2人）のケースです。

夫の太郎さんが亡くなり一次相続が始まりました。妻の和子さんは「配偶者の税額軽減の特例」を使うと最も相続税が少なくなるということを聞き、それを活用することにしました。

配偶者の税額軽減の特例とは、配偶者が相続人になった場合も、その人が取得した相続財産額について、法定相続分もしくは1億6000万円のどちらか多い金額までは相続税がかからないという制度です。

そこで、太郎さんの相続財産5億円のうち、和子さんは配偶者の法定相続分（2分の1）である2億5000万円を相続し、残りは子どもたちが相続するという遺産分割の形にしました。この結果、和子さんの相続税はゼロで、子どもたちが相続した分については総額で約6550万円の相続税が課税されましたが、特例を使わない場合よりは相続税の額を押さえることができました。

その後、しばらくして和子さんは自分の財産についての相続対策もそろそろ考えなくてはと当社に相談にお見えになりました。

そこで当社からのアドバイスに従い、ご自分の財産の棚卸をしたところ、自分の親から相続した分（1億5000万円）と夫から相続した分を合わせてなんと約4億円の財産がありました。そして、それを子どもたちが相続した場合（二次相続）の相続税を試算したところ約1億920万円となったのです。

●一次相続と二次相続をトータルで考え、分割を検討する

被相続人となるご両親それぞれがかなりの資産を持っている場合で、一次相続でも二次相続でも引き継がれる財産が大きい場合、**一次相続の際に二次相続の相続税も考えて遺産分割を行っていくことが不可欠です。**

たとえばこのケースの場合、実は一次相続で妻の和子さんが「財産を取得しな

い」いう選択をしたほうが（つまり、夫の相続財産5億円を、お子さん2人で相続する）、一次相続・二次相続でトータルした際の相続税が安くなった可能性があります。

一次相続で和子さんが財産相続をしなかった場合、一次相続での相続税の総額は約1億3100万円となり、現在の和子さんの財産（1億5000万円）を二次相続でお子さん2人で相続した場合、相続税の総額は約1840万円です。そのため、この場合の一次相続＋二次相続の相続税の総額は約1億4950万円。

一方、一次相続で和子さんが法定相続分を取得した場合の一次相続＋二次相続の相続税の総額は、一次相続約6550万円＋約1億9200万円＝1億7400万円です（一次相続と二次相続の間に財産額の変化がないと仮定）。

和子さんが相続放棄した場合のほうが、そうしなかった場合より、相続税が約2520万円少なくなるのです。

人が亡くなれば必ず「相続」が発生します。繰り返しますが、両親がそろっている家庭なら最低2回の相続が発生します。そのため、かなりの資産があり、相続税が発生する可能性があるご家族の場合、目先の相続にだけ注目するのではなく、その家族において発生し得る相続全体に目配りしてトータルでの相続対策をしていく必要があるのです。

一次相続と二次相続の間に財産構成がどう変化するかは不明ですが、相当に消費するか、節税対策を行わない限り、この事例のようなケースになることが予測されます。

【失敗パターン③】遺産分割での失敗（3） 共有名義

●「仲良く平等に」の思いやりが、後々、不幸な状況を生むことも

家族仲がよくて、平等意識の強いご家庭での遺産分割に時おり見られる遺産分割に「**共有名義**」があります。共有名義とは、1つの不動産に対して複数人を所有者として登記することです。

共有名義を選択する理由は、「みんなで共有する形で相続してもらったほうが家族間に波風が立たなくていいだろう」かもしれません。しかし実はそうならないケースも少なくありません。

共有名義での相続が後々どんな問題につながっていくのか、ここで1つの事例をご紹介しましょう。

ある3人兄弟のケースです。彼らの父親は若くして亡くなり、その相続の際、彼らはまだ小さかったことから、「仲良く平等に分けよう」ということで、遺さ

れた彼らの母親は、自宅のほか数カ所あった不動産は、法定相続分で3人兄弟での共有名義にすることにしました。

その後、兄弟も大人になり、それぞれ結婚して独立し、みんな幸せに暮らしていました。もちろん兄弟仲もすこぶる良好でした。

ところが、あるとき次男から「家を建てたいと考えていて、使っていないあの共有名義の土地を売りたい」という相談が他の兄弟に持ちかけられます。それをきっかけに、3人の間に「共有名義」のデメリット部分が強く意識されるようになったのです。

●共有名義だと、必要なときに簡単に売却できない！

「土地を売り、それで得たお金を3人で分割する」とできれば丸く収まるのですが、その土地の登記簿を見ると、なんと長男が母親と同居している家を数年前に建替えた際に、その土地を共同担保に入れていることがわかったのです。

しかも、担保を抜くにはかなりの金額の内入れ金（一部返済金）が必要で、この土地を売却して長男が得る共有持分の代金でも充当できない金額でした。そのため、次男の相談に対して長男の回答は「申し訳ないがＮＯ」。

次男の持分だけ売って、住宅資金につくろうにも、それほど広い土地ではないので、その形での売却も不可能です。次男の持分を長男や三男に買い取ってもらうという方法もありますが、長男や三男にそれだけの資金がありません。

こんな具合に、共有名義ゆえのややこしい状態になってしまい、「家を建てたい」と思っていた次男は困ってしまいました。

そんなとき、なんと長男が事故で急死。その相続でその土地の名義は、長男から、長男の妻と子ども3人に共有で相続されました。さらに、長男は住宅ローンを借りた際に団体信用生命保険（団信）に加入していなかったため、生命保険で借入金が返済されず、長男の妻は住宅ローンの借入返済の負担も引き継ぐことになりました。

夫を亡くし、さらに住宅ローンの返済もあり……で、義姉はかなり気落ちしている様子です。次男は、とてもではないですが、自分のマイホーム購入のために「この土地を共同売却してくれ」とは言えません。

にっちもさっちもいかなくなってしまった状況に、次男は「父親の相続のとき母親に『兄弟の共有名義にはしないほうがいい』とアドバイスしてくれる人がいたら、こんな事態には陥らなかったのに……」と悔やむばかりでした。

●共有名義の土地は、できるだけ速やかに整理するのが得策

いかがでしょうか。こうした「共有名義の悲劇」は決して珍しくはありません。不動産の共有名義というのは、それぞれの人が、その土地の「この部分」を持っているわけではありません。その不動産全体を薄く複数人で共有している状態です。そのうちの一人が自分の持分を売却しようと思ったり、そのうちの一人が亡くなって相続の必要性が出てきたりしたときに、困った事態になりやすいの

です。

そのため、先々困らないように、共有名義になっている不動産は、早いうちに整理するのが得策です。

ある程度広い土地だったら、「**共有物分割**」という方法をとることができます。これは、その土地にａｂｃ…という具合に線を入れて所有者で分割する方法です。たとえば、90坪の土地を３人の所有者で分割すれば一人30坪で、これくらいの広さであれば住宅用地として売ることもできます。

一方で、30坪の土地だと３人で分割すると１人10坪。この場合、住宅用地として売るのは厳しいでしょう。そのため、狭い土地の場合、その不動産を売却して現金化し、所有者で分割するのが妥当な解決策だと思います。

しかし、その土地に、所有者の誰かが家を建てて住んでいたら、そう簡単に売却もできません。

遺産分割の際、いくら家族仲がよかったとしても共有名義での相続は極力、避けるべきですし、すでに共有名義で相続している場合は、できるだけ速やかに見直しをして、整理したほうがいいと思います。

【失敗パターン④】 節税対策の失敗

●納税資金が足りず、節税対策用のアパートをすべて売却する羽目に

当社に寄せられる相続対策相談でもっとも多いのが、「資産の中に更地があって、ハウスメーカーから『借入れをしてアパートを建てると、固定資産税が安くなり、かつ相続税の圧縮効果もある』と言われているんですが、アパートを建てたほうがいいでしょうか?」という相談です。

この場合、我々は逆にお客様にこう質問します。「その結果、どれくらい固定資産税や相続税が安くなるのかを試算しましたか?」。それに対する返答は、ほとんどのお客様は「いいえ、していません」。

つまり、「税金が安くなる」というところで思考停止になってしまい、具体的にどれくらいの節税効果があるのかについてまで把握されていない方が多いのです。そして、その場合、いざ相続となったときに、「しまった!」となるケース

が少なくありません。

高橋さん（仮名）のケースです。高橋さんはハウスメーカーの担当者から「更地にアパートを建てると固定資産税が減額され、さらに相続税の減額効果もある」と言われ、所有する更地3カ所にそれぞれアパート1棟ずつ・計3棟を借入金で建築することにしました。

その後、高橋さんが亡くなり、相続がスタートします。相続税はたしかにだいぶ圧縮されていましたが、ゼロにはなりませんでした。そこで納税資金を準備する必要が出てきたのですが、それを支払えるだけの預金がありませんでした。「相続税が減額になる」で思考停止になってしまい、具体的な相続税の試算も、それに伴う納税計画もしていなかったからです。

そして、頼みの綱の3棟のアパートも赤字ではなかったもののそれほど収益性がいいとはいえず、家賃収入はほぼ生活費に消え、納税資金にまわすこともできませんでした。

結局、アパート3棟すべてを売却して現金化することで、なんとか納税することができました。

その結果、残ったのは自宅のみ。アパートからの家賃収入もなくなり、家計的に打撃でした。

はたして、何のための相続対策だったのでしょうか？　とても悔やまれる事例です。

●節税対策と納税対策はセットで進めるのが鉄則

こうした事態に陥ってしまった最大の原因は、節税対策にばかり意識がいって、納税計画を十分に立てていなかったことです。

節税対策が必要なほど資産がある場合、**「相続税がゼロになる」とはあまり考えないほうがいい**と思います。それなりの資産があって相続税がゼロになるというのは、かなりの借入れがあった場合です。多くの場合、程度の差こそあれ相続税は発生します。

そのため、節税対策をしつつ、**「それでも相続税は発生する」**という前提のもと、納税対策についても同時に講じていくのが鉄則です。

そしてその際、できるだけ受け継いだ財産を減らさない形で納税できる方法を検討していくことが重要です。

たとえば、このケースであれば、アパートを建てる前に、その時点での相続税の試算をして、必要なだいたいの納税資金を把握した上で、納税資金づくりの方法を検討し実践しいていく、というのが妥当なやり方です。

この場合の納税資金づくりとしては、アパートの家賃収入などもその1つでしょう。ただ、その収益だけではどう

も心もとないようであれば、3カ所の更地のうち1カ所は納税用地としてアパートを建てずに駐車場として納税に備える、という方法もあります。

もちろん、1棟建てないことで、もちろん固定資産税や相続税の圧縮効果は薄まります。それでも、その土地を売って現金化して相続税の納税資金に充てれば、2棟のアパートは残すことができますし、そこからの収益で安定的な生活を維持していくこともできます。

何のために節税対策をするのかといったら、親の財産を子どもたちにうまく引き継いでいくためです。そのためにも納税計画は欠かせません。相続税を減らすことにばかり血眼になり、結果的に納税資金不足で財産のほとんどを失ってしまっては本末転倒です。

【失敗パターン⑤】 贈与の失敗（1） 定期贈与

●「暦年贈与」が「定期贈与」とみなされて課税されたケース

相続税の節税対策として「**贈与**」の活用も広く行われています。贈与税に関するいくつかの非課税制度を利用して、生前に子どもや孫に財産を移転し、相続財産を減らす方法です。

なかでもよく知られ、かつ活用している人も多いのが、贈与税の年間110万円の基礎控除を活用して、贈与する方法です。

これは**暦年贈与**と呼ばれるもので、たとえば、年110万円の贈与を10年続ければ1100万円を非課税で相続人等（贈与の場合は「受贈者＝贈与を受ける人」）に移転することができます。そして、そのように移転した財産は、当然、相続財産からは除外され、その分の相続税は課税されません。しかも、この年110万円は「1人の受贈者につき」なので、子どもが複数人いればその人たち全員に年110万円まで贈与することが可能です。

しかし、この暦年贈与にも落とし穴があります。年間110万円以内の贈与を数年かけて計画的に行っている場合に、やり方次第では税務署から「**定期贈与**」とみなされ、贈与税が課税されることがあるのです。

定期贈与とは、「定期金給付契約」に基づき、ある期間、定期的に金銭を支払う、もしくは受け取る贈与のことです。

ここで定期贈与とみなされた事例をご紹介しましょう。

山田さん（仮名）は、2人の子どもそれぞれに1000万円ずつを、生きているうちに贈与することにしました。ただし、一度に1000万円を贈与すると177万円の贈与税が課税されます。そこで、暦年贈与の年110万円の基礎控除を活用して、それぞれの子どもに年100万円ずつを10回に分けて（つまり10年かけて）贈与することにしました。

その際、インターネットに「贈与契約書を作成し、かつ税務申告をしておくとより安心だ」という情報があったので、それに従い、契約書の作成と税務申告も行うことにしました。

すると、税務申告後に税務調査があり、税務署から「この契約書を見ると、当初から1000万円の贈与を計画していたことが明白で、単に支払いを10回に分けただけだとわかります。ゆえに1000万円に対する贈与税（177万円）を納付してください」と指摘されたのです。

そこであわてて、作成した贈与契約書を持参して税理士に相談したのですが、「この内容だと、税務署の言うとおりに納税しないといけませんね」という返答でした。

「年間110万円の非課税枠での贈与のはずなのに、なぜ課税されるのだろう……?」と山田さんは途方に暮れてしまいました。

税理士に理由を尋ねたところ、「『現金100万円を10年にわたって贈与するものとし…』という文言があるからだ」と言います。つまり、この文言によって、この贈与が「定期金給付契約」による「定期贈与」と税務署からみなされてしまったのです。

● 贈与契約書は、「その都度」もしくは「贈与した年ごと」に作成する

贈与の場合、贈与者（贈与する人）と受贈者（贈与を受け取る人）の間で口頭の合意があればそれでOKです。また、贈与する金額が基礎控除の枠内であれば、税務申告も必要ありません。

ただ、申告はしなくても、その贈与について双方の合意があったことを示す証拠として贈与契約書を作成しておいたほうがやはり安心です。

逆に贈与契約書がないと、いくらこちらが「これは贈与だ」と言っても、税務署から「贈与とは認められない」とされ、そのお金は相続財産と扱われてしまいかねません。そうなると、せっかくの節税対策としての意味をなさなくなります。

ただし、作成する契約書については、このケースのように一括の契約書にしないことです。面倒かもしれませんが、贈与する度に、もしくは贈与した年ごとに、作成することをオススメします。

そうすることで税務署から「定期贈与」と指摘されるのも避けられますし、万

が一、そう指摘されても「違います」と強く言えます。さらに言えば、毎年、贈与する金額をちょっと変えたり、契約書の日付を毎年ややズラしたりなどすると、より強固な税務署対策になります。

ちなみに、２０２４年1月の相続から、「相続開始前7年以内（改正前は3年以内）に贈与された財産は、相続財産に持ち戻して相続税を計算し、納税している贈与税があれば計算された相続税より控除します」となりました（「持ち戻す」とは、その分も相続財産に加えること）。

つまり、被相続人が亡くなる前の7年

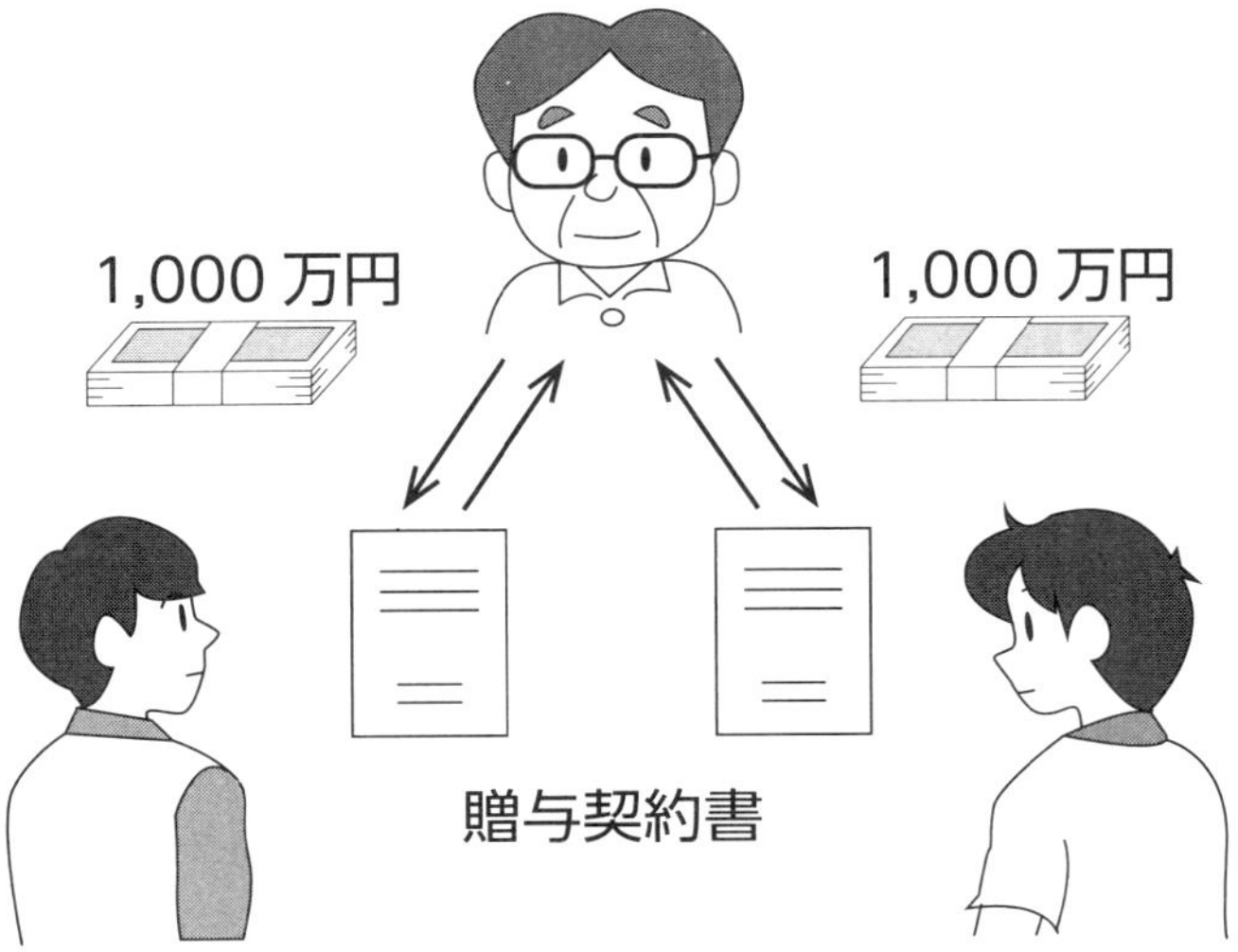

分については、贈与をしても節税効果はほとんどないということです。このルールもしっかり頭に留めておきましょう。

なお、持ち戻しの対象者は原則相続人なので、子の配偶者や孫に贈与した分については、持ち戻しはありません。

また、贈与税は、現金だけでなく物品を購入してあげた場合などにも発生します。

たとえば、親が子どもに110万円以上の自動車を購入してあげたという場合、その購入は贈与税の対象となり、受贈者（買ってもらった子ども）は贈与税を払う必要があります。この点についてもご注意ください。

【失敗パターン⑥】 贈与の失敗（2） 名義預金

●子や孫のためにつくった口座が相続税の対象となることも

贈与を絶税対策として活用する場合に、暦年贈与の他にもう1つ、落とし穴になりやすいのが子どもや孫のためにつくった口座の預金です（いわゆる「**名義預金**」といわれるものです）。

たとえば、子や孫が生まれたとき、その子や孫の名義で口座をつくり、定期的にお金を振り込み、その後の教育資金等にあてたり、その子や孫が20歳になったら渡してあげたり…ということをされているご家庭も多いと思います。

しかし、場合によっては税務署からこれが名義預金とみなされることがあるのです。名義預金とは、実際のお金の所有者と口座の名義が異なる口座のことで、そのお金の所有者が亡くなった場合に、**その人の相続財産に組み入れられます**。

そのため相続対策も兼ねた贈与としてこの方法を使っていた場合、節税効果ゼロになってしまいます。

このパターンに落ちるのは、名義人自身がその口座の存在を知らないなど、この贈与について双方の「合意」があった証拠を税務署に示せない場合です。

【失敗パターン④】でも述べたとおり、贈与が成立するには、双方の「合意」が不可欠です。子や孫名義の口座にどんなにせっせとお金を振り込んでも、名義人がそのことを知らなければ贈与したことにならないのです。

また、たとえ名義人がその口座の存在を知らされていたとしても、通帳や印鑑は振り込んでいる人が管理していて、名義人が自由に使えない状態の場合も、税務署からは「振り込んでいる人のお金」とみなされます。「名義人であっても、そのお金を自由に使えないのであれば、名義人の預金ではないですよね。しかも、通帳も印鑑もあなた（贈与者）がお持ちなら、あなたの預金ですよね」と指摘されてしまうのです。

●名義口座とみなされないためには「双方の合意」が不可欠

実は相続税の調査でもっともチェックされるのは**預金**です。なぜなら、相続税の納税は原則、現金ですから、すでに現金化されている預金は、もっとも納税しやすい財産だからです。

そして、預金の中でもとくにチェックされるのが、子どもや孫などに大きなお金が移転していないか、です（現金の移動だけでなく、子どもや孫への自動車などの高額な物品の購入もチェックされます）。その中に、子どもや孫が名義人になっている名義口座の存在の有無もしっかりチェックされます。

税務署に名義口座とみなされないためには、まず**双方の「合意」は不可欠**です し、それを証明するための**契約書も作成**しておくと安心です。また、名義人自身が通帳や印鑑を管理し、そのお金を自由に使える状態にしておくことも重要です。

親心として、子どもや孫のためにさまざまな資金を準備してあげたいという思いは多くの方が持っていらっしゃることでしょう。

その場合、贈与税が一定限度、非課税になる制度がいくつかあります。たとえば、「住宅取得等資金贈与」や「結婚・子育て資金贈与」、「教育資金の一括贈与」などです。それぞれいくつかの条件はありますが、相続対策もかねて、こうしたものの利用も検討してみるのもいいと思います。

第3章

相続対策のプレイヤーたちの「立ち位置」を知っておこう

●さまざまな業界が参入する相続対策ビジネス

第2章でも述べたとおり、近年、「大相続時代」という言葉を、さまざまなメディアで目にすることが多くなってきているのではないでしょうか。

その最初のきっかけとなったのは、2015（平成27）年の相続税法改正だったのではないかと思います。

この改正によって相続税の基礎控除額が大幅に減額され、これまで4％台だった相続税の課税割合が一気に8％台に増えました。その後も少しずつその割合は増えていき、現在は9％台を推移しています。このように、相続税の対象者が増えたことをきっかけに、多くの人が「相続」へ関心を持つようになったのです。

さらに、高齢社会が加速的に進むなか、死亡者数も年々増加。人が亡くなれば、多くの場合、相続も発生しますから、近年の日本では「相続」がたいていの人に起こり得る身近なことになっているわけです。

そして、これだけ「相続」が日常的なことになってくると、ビジネスをする側からすれば、そこには「たくさんのビジネスチャンスあり」という状況です。そのため、現在の相続市場には、従来からのプレイヤーである税理士や弁護士、司法書士、行政書士などの士業のほかに、さまざまな業界のプレイヤーたちが進出してきています。

現在の相続市場のメジャーなプレイヤーを列挙するならば、従来からの税理士、弁護士、司法書士、行政書士などにプラスして、ハウスメーカーや建設会社、不動産会社、賃貸管理会社、金融機関（銀行、信託銀行など）、保険会社（生命保険・損害保険）……となるでしょうか。

こうしたプレイヤーたちが、この市場の激戦地ともいえる「節税対策」の分野で、自分たちの商品やサービスを売り込もうとお互いに熾烈《しれつ》な顧客争奪戦をしているのが、現在の相続市場といえます。

これらのプレイヤーが顧客としているのは、主に相続税が課税されるご家族、もしくはその可能性のあるご家族です。その意味で、相続財産が基礎控除額内で収まり相続税が課税される可能性がない場合に、お付き合いがでてくるのは、相続が発生した際の実務を担ってくれる司法書士や行政書士などの士業の人たちでしょう。

一方で、相続財産が基礎控除額内で収まらず、相続税の対象となる可能性が高い場合には、士業以外のプレイヤーたちから、さまざまなアプローチがあることと思います。

その場合、そうしたご家族に必ず意識していただきたいことがあります。

彼らから勧められる商品やサービスは、実際に節税効果が高いものも多いですから、活用していくのはオススメです。ただし、**彼らのセールストークを100%鵜呑みにしない**ことです。彼らに言われるがままに節税対策をしてしまうのも「ナシ」です。

なぜなら、こうしたプレイヤーたちはみな、売りたい商品やサービスを持ち、それを売ることが第一目的だからです。たとえそうであっても、相続が発生した際に期待した通りの節税ができて、納税もスムーズに進み、相続人たちの間で公平に争うことなく分割ができれば問題はありません。しかし、残念ながらそうならないケースも少なくないのです。

第2章で紹介した**【失敗パターン④】**を思い出してください。

固定資産税と相続税の節税効果を狙って更地3カ所にそれぞれ1棟ずつアパート（計3棟）を建てたものの、結果的に納税資金不足でアパート3棟すべてを売却せざるを得なくなったケースです。

この事態を回避するには、3カ所の更地のうち1カ所は納税用地としてアパートを建てずに駐車場として利用するにとどめておけばよかったのです。しかし、アパートを建てることを勧めたハウスメーカーからすると、2棟より3棟建築してもらったほうが儲かります。そして、実際にアパートを2棟よりも3棟建てたほうが固定資産税も相続税も節税効果は高くなります。

つまり、このハウスメーカーの担当者は、決してお客様を騙してはいないのです。「事実」を伝えているだけなのです。しかし、「事実」しか伝えていないのです。実際に相続は開始したときに、相続税が発生するかもしれない可能性や、万が一、そうなった場合に納税資金が不足するかもしれない可能性など、「将来、もしかすると起こり得るリスク」についてまでは言及してくれなかったのです。

このケースに限らず、こうした形のセールストークは、自分たちの商品やサービスを持つプレイヤーたちの多くが行っています。

彼らには売りたい商品やサービスがあるのですから、これは当然のことでしょう。お客様に買っていただくためには、お客様が買うのをためらうようなネガティブな内容はできるだけ避けたほうが得策ですから。そのため、リスクについての情報は、プレイヤー側からはなかなか伝えてくれないのです。

だからこそ、各プレイヤーのセールストークを鵜呑みしてはいけないのです。プレイヤーたちは基本的に「売ったらそこで仕事終了」です。それ以降は、買ったお客様のほうでうまく活用して、スムーズな相続につなげていかなければなりません。

そのためには、それぞれの**プレイヤーが自分たちの相続対策のどの部分を担っ**

てくれるのかを把握した上で、上手に付き合っていく必要があります。

そこで、ここからは、相続対策でのメジャーなプレイヤーそれぞれについて、活用する際の注意点を述べていきます。

【ハウスメーカー】

● 高い節税効果が期待できる賃貸経営だが……

最初にみていくのは、ハウスメーカー等建設会社との付き合い方です。

「固定資産税と相続税対策のための、賃貸住宅の建設&賃貸経営」というのは、人気地域などに広い土地を持つオーナの方々にはよく知られた節税のノウハウでしょう。実際にこの方法は、効果的な節税対策の1つです。

更地に賃貸住宅を建築することで、土地の固定資産税が、更地に比べて4分の1程度になります。

相続税については、その算出の際に使う相続税評価額が、更地のままの場合より「土地」については約2割減、「建物」については建築費の約6割減の評価となります。

さらに、賃貸住宅を建てるために借入れをした場合、その借入金分を資産から差し引くことができます。相続が発生したときに、まだ返済し切れていなければ、残っている借入れ分、相続財産を減らすことができ、相続税の節税につながります。

こうした節税効果があるわけですから、相続税額が数千万円になりそうな節税対策が必要な人で、収益が見込めそうな地域に土地を持っている場合は、「賃貸住宅を建てて賃貸経営をする」という方法はオススメです。

逆に、現状の財産で相続税額を試算してみたところ、基礎控除内で収まり申告不要だったり、課税はされるものの数百万円くらいの税額だったりという場合、この節税対策は適切ではないと思います（アパート経営の事業で収益を得たいという場合は別ですが）。

●「借入れによる節税効果は、年々、減っていく」を忘れない！

では、あなたが「この節税対策をしたほうがいい」に該当する場合ですが、先ほどから繰り返しお伝えしていますが、決してハウスメーカーの担当者の言葉を鵜呑みにしないことです。

その相続対策によって、自分たちが期待している相続が本当に実現できるのかを、ハウスメーカーの担当者に頼らず、**第三者の専門家の力**を借りながら、きちんと自分たちで検討してみる必要があります。

その際、まず行うのが、その賃貸住宅を建てた場合、**「固定資産税と相続税がどれくらい圧縮されるのか」をシミュレーション**することです。そして、このシミュレーションで必ず意識したいのが、**「借入れによる節税効果は、長生きするほど減っていく」**ということです。

借入金（マイナスの財産）は返済していくことで確実に減っていきます。そして、それに伴い、借入れしたばかりのときはガクンと減ったプラスの財産も増えていきます。プラスの財産が増えれば、その分、相続税額も増えます。

シミュレーションでは、相続人がいつ亡くなるかで、マイナスの財産とプラスの財産のバランスがどう変化し、それに伴い相続税額がどうなっていくのかもしっかりチェックすることが重要です。

●賃貸経営でしっかり収益を出していくことも納税対策となる

こうしたシミュレーションで相続税がゼロとならなかった場合、「納税が必要」ということです。相続時にシミュレーションで示された相続税額分くらいの資金を準備しておく必要があります。

そこで次に考えなければならないのが、「**納税のためのお金はどこから捻出するか**」です。

第2章で紹介した【**失敗パターン④**】は、この納税資金を準備していなかったばかりに、納税のために住宅以外の土地・建物をすべて売却せざるを得ませんでした。こうした悲劇を自分の家族で起きないようにするためにも、納税対策をしっかりと講じておく必要があります。

その際、「預貯金では賄えそうもない」となった場合には、所有する土地の売却も検討しなければならないでしょう。その場合、最低限の損失で収まる方法を検討することが大切です。

また、「賃貸経営」そのものも、納税対策の1つになり得ます。

相続税対策のための賃貸住宅を売り込む際のセールストークの常套句に「相続税対策なので儲からなくてもいいんです」というのがあります。しかし、この言葉を真に受けて、まったく賃貸経営に力を入れないのはもったいないと思います。

たしかに賃貸経営で利益が出ればその分、財産が増え、相続税が増える可能性もあります。しかし、そうして**出た利益は、納税資金用として貯めていけばいい**のです。そしてその際に、納

税資金づくりに活用しながら、同時に節税対策を講じられる方法もあります（それについては第5章で解説します）。

せっかく賃貸経営をはじめるのですから、経営者としてしっかり利益を出していき、「子どもや孫の世代に価値ある財産を受け渡す」という志で取り組んでいただければと思います。

【保険会社】

●保険商品は、相続対策の万能ツール！

生命保険も相続対策として有効です。

まず、生命保険の死亡保険金は「遺族の生活を保障するためのお金」という性質上、「**500万円×法定相続人の数**」という**非課税枠**が定められています。たとえば、法定相続人が2人いれば、500万円×2人で1000万円が非課税となります。また、死亡保険金は現金で支払われるため、**納税資金として活用する**こともできます。さらに、生命保険では**受取人を指定**できるため遺産分割をする必要がないことも相続対策上でのメリットといいます（生命保険の活用方法については第5章で解説します）。

つまり、節税対策、納税対策、分割対策のすべてに活用できる、まさに相続対策の万能ツールなのです。

しかし、その分、ちまたにはたくさんの保険商品が販売されており、種類も多種多様です。その中から自分にベストな保険商品を見つけ出すのは容易ではありません。

しかも、生命保険会社の担当者に「私に合った保険を紹介してください」と依頼をすれば、自社の商品の中で、そのお客様にとってベストな提案してくれるだけです。当然のことながら他社の商品を紹介してくれることはありませんし、自社と他社の商品内容を比較して提案する、ということもしてくれません（そもそも保険業界には「他社の商品との比較営業をしてはいけない」というルールがあります）。

保険代理店の提案が必ずしもベストでない理由

昨今は、「これではあまりにも不便だ」ということで、「乗り合い代理店」といって複数の保険商品を扱う保険会社（代理店）も増えてきています。複数の商品の中から選択し提案してくれるので、より自分にとってベストな商品を見つけられやすいと思います。

ただ、１００％お任せ状態にしていいのかといった、じつはそうでもないようです。

乗り合い代理店の収入は、保険を成約することで保険会社から支払われるコミッション報酬です。この報酬額が、保険会社や保険商品、その代理店の成約実績によって実は異なります。

そして、代理店の中には、自社の利益を上げるために、お客様にとってベストな商品を提案することよりも、コミッション報酬が高い商品を提案することを優先する、ということもあるようです。

となると、複数の保険会社の商品を扱う乗り合い代理店から提案されたからといって、自分にとってベストな商品とは限らないのです。

そのため、自分にとってベストな保険商品に出会うためには、複数の乗り合い代理店に提案を依頼して、送られてきた提案を自分で比較検討していくことが不可欠です。

もちろん、保険の素人にとってベストな商品を判断するのは簡単ではないでしょう。**財産コンサルタントなどの専門家に相談するのもオススメ**です。その際、その専門家が保険関係でなく、独立系（つまり金融機関等に属していない）であることは必須条件です。

【銀行・信託銀行】

●お金を払ってでも煩わしい手続から解放されたい人にオススメ

近年の相続市場では、銀行や信託銀行の存在が目立つようになってきています。以前から、相続税対策用のアパート建築や不動産購入等での「融資」などで銀行も相続市場の1プレイヤーでしたが、昨今は別の形でこの市場に参入してきています。銀行やその系列の信託銀行が提供する**相続手続代行（または遺産整理）サービス**や、信託銀行等が提供する**遺言信託サービス**などです。

それぞれのサービスについて簡単に解説しましょう。まず**相続手続代行（または遺産整理）サービス**です。

相続が発生するとさまざまな手続が必要になります。そうした手続の中には専門家の力を借りたほうがいいものもあります。たとえば、相続財産の調査や、遺産分割協議書の作成、相続税の申告、預貯金の名義変更・換金、不動産の名義変更などです。

これらの手続を代行してもらう際の依頼先は、弁護士、税理士、司法書士などになるのですが、彼らはすべての手続を一括で引き受けられるわけではありません。資格によって「できる手続」と「できない手続」があります（92ページ参照）。

たとえば、不動産登記の名義変更ができるのは原則司法書士ですし、相続税の申告ができるのは原則、税理士です。そのため、手続の代行を依頼する場合、それぞれの専門家を個別に探す必要があります。

そうしたわずらわしさを解消してくれるのが、先ほど挙げた銀行やその系列の信託銀行が提供する相続手続代行（または遺産整理）サービスです。それぞれの手続について自行が提携している士業たちにつないでくれるため、お客様としては相続に関する一連の手続をワンストップで済ますことができます。

ただし、銀行等が提供するこうしたサービスは手数料が高額です。最低でも

100万円前後はかかります。専門家に個別に相談した場合、たとえば、当社であれば30万円～100万円（この差は遺産総額による）なので、銀行等の相続サービスがいかに高額かがおわかりになるでしょう。

次に信託銀行等が提供する**遺言信託サービス**です。これは、遺言書の作成から保管、（契約があった場合には）その執行までをサポートしてもらえるサービスです。

相続を順調に進める上で遺言書を作成しおくことは非常に重要です。実際、相続で最もこじれやすいのは遺産分割です。その遺産分割をスムーズに進めていくための有効なツールとなるのが遺言書だからです。

第6章でくわしく解説しますが、遺言書は大きく分けて、①**自筆証書遺言**、②**秘密証書遺言**、③**公正証書遺言**の3種類があります（225ページ参照）。

これらの遺言書のうち、信託遺言サービスで扱うのは、「公正証書遺言」です。これは、公証人に作成してもらう遺言書です（くわしくは228ページ）。

作成に際しては、遺言したい内容を公証人に伝えるわけですが、その内容について信託銀行の担当者のほか、必要に応じて弁護士や税理士などの専門家のアドバイスも受けることができます。公証人によって作成された遺言書の原本は公証役場で、正本と謄本を信託銀行の貸金庫で保管してもらう形になります。さらに、遺言執行者に信託銀行を指定した場合、遺言書を作成した本人が亡くなり、相続が開始すると、遺言書どおりに相続が実行されるよう信託銀行が各種手続を行っていきます。

当然のことながら、作成のサポートも、保管の手数料も、執行時の各種手続の手数料も、いずれも高額です。

●銀行・信託銀行のサービスを利用する場合の注意点

ただ、相続手続代行（または遺産整理）サービスも遺言信託サービスも、相続に関する手間のかかるわずらわしい手続をサポートしてもらえるメリットがあります。高いお金を払ってでも、そうしたわずらわしさから解放されたいという場合には、利用してもいいのではないかと思います。

ただその際に、高額の手数料だけでなく、なぜ信託銀行が遺言信託のサービスを提供するのかをしっかりと理解しておくことも重要です。それを理解しないまま利用してしまうと、思わぬ出費で子や孫に残したい財産が目減りしてしまうかもしれません。

そこで、信託銀行が遺言信託のサービスを提供する目的をここでみていくことにしましょう。それは大きく、次の3つが挙げられます。

目的① 他の金融機関にある預貯金を自行へ移転してもらうため

相続手続代行（または遺産整理）サービス、遺言信託サービス（遺言執行者の契約をした場合）も、各手続等の手数料のほか、最終的には**遺産整理報酬**や**遺言執行報酬**というものを支払うことになります。これらの報酬は、相続財産（相続税評価額）にそれぞれの報酬率を乗じて算出されます。

実はこの報酬が、自行（系列も含む）で預かっている預貯金とそれ以外に預けてある預貯金とで、大きく異なる設定となっているのです。たとえば、自行（系列も含む）のものであれば報酬率は0・33％なのに対して、それ以外では、たとえば1億円以下であれば1・98％という具合です。

この数字を見れば、お客様としても、「遺言信託をお願いする銀行にすべて預けたほうが得だな」となりがちですよね。そのようにして、自行に預貯金が移転されるよう誘導しているわけです。

目的② 自行（系列も含む）の商品販売につなげるため

目的はそれだけではありません。自行に預金を移転してもらったら、次に勧めるのが、自行が販売する保険や投資信託などの金融商品です。

銀行や信託銀行がなぜ相続関連のサービスを提供しているのかといったら、手数料や報酬を得るためというのもありますが、自行で扱うそうした商品を売りたいというのも強いと思います。

目的③　相続税を納税するための不動産売買を受託するため

さらに、その顧客が不動産を持っている場合には、相続税の納税のために行う不動産売却の媒介業務も、自行で受託しようと意図している可能性もあります。実際、信託銀行の場合、不動産の免許を持っているので、売却業務に携われます。信託銀行が遺言執行者となった場合の最大の狙いはこれかもしれません。

いかがでしょう。相続手続代行（または遺産整理）サービスや遺言信託サービスは、非常に便利なサービスです（高額ではありますが）。ただ、利用した場合に、こうしたセールスも起こり得るのだということは知っておいたほうがいいと思います。

●遺産分割でのサポートは期待できない

銀行や信託銀行のこうしたサービスを利用する場合、もう1つ注意しておきたいことがあります。

銀行や信託銀行では、財産の調査や相続財産目録の作成、遺産分割協議書の作成のサポートをしてくれますが、**遺産分割がうまくいっていない場合のサポートは期待しないほうがいい**、ということです。

私の知人が信託銀行のセミナーに参加したときのことです。

その知人の祖母が亡くなり、その相続でその子どもたち（つまり知人の親の世代）の関係がギクシャクし始めていたそうです。知人は別の目的で参加したのですが、その信託銀行は相続のサービスも提供していたので、せっかくなので遺産分割のサポートを受けられるのかを質問してみることにしました。

すると、こんなやり取りになったというのです。

知人　「信託銀行さんは、相続の相談を受けてくれるんですよね」

信託銀行　「はい、受けますよ」

知人　「今、うちの父親のきょうだいたちが、相続でごたごたし始めているんですが、こういう場合に、中に入って仲裁をしてくれるんでしょうか？　信託銀行さんは、専門家としていろいろ知識もおありになるので」

信託銀行「もめ始めているんですか？」

知人「まだもめるまでは行っていないのですが、ちょっときな臭いというか、きょうだいの間で、いろいろ意見の食い違いが出始めてきているようなんです」

信託銀行「それでしたら、当社はその中には入れませんね。弁護士さんにご相談してみたらいかがですか」

第1章でも述べましたが、相続で最ももめやすいのは遺産分割です。そして、遺産分割でもめ始めてしまうと、身内同士のせいかお互いに言いたい放題、かつ譲らない状態になってしまいがちです。その結果、相続はだんだん「争族」の様相を呈してきて、泥沼化する……。

私の経験上、こうした場合、中立的な立場の第三者が間に入り、それぞれの言い分を個別に聞くなどして調整してくれると、状況が改善しやすくなります。相続に関する相談に乗ってくれるというのなら、最も、もめやすい遺産分割において、信託銀行の担当者に間に入ってもらって、もろもろの調整をしてもらいたいところです。しかし、それはどうも期待できないようなのです。

【士業の先生】

●弁護士は本当に「調整役」を担ってくれるのか？

では、この信託銀行の担当者がいうように、「弁護士」が遺産分割協議での「調整役」を担ってくれるのでしょうか？

これに対する答えは簡単ではありません。現在の日本の法律だと、厳密な意味でこうした役割を担えるのは、「弁護士」です。弁護士資格を持っていない人が、こうした「調整」を行い、それに対する報酬を得てしまうと、非弁行為とみなされ弁護士法違反になるという考えもあると聞きます。

では、弁護士が遺産分割協議において中立的な第三者の立場で調整してくれて、円満な相続（＝爽続）の実現につなげてくれるのでしょうか。実はそれはあまり期待できません。

なぜなら、弁護士は弁護士法で「双方代理」が禁止されているからです。双方代理とは簡単にいえば、一人の人が法律行為の当事者双方の代理人になることです。遺産分割協議で求められる「調整」も、「対立する相続人Aさん・Bさん双方がウイン・ウインになるように調整する」となるわけですから、広い意味で双方代理とみなされます。

また、弁護士の仕事は、「依頼者の利益を最大にすること」です。相続人Aさんから依頼を受けたらAさんの利益を最大限するのが仕事であり、対立する相続人Bさんの利益になるようなことをしてしまえば、利益相反行為となってしまい、これも弁護士法で禁止されています。

そのため、遺産分割協議において弁護士ができる「調整」とは、対立する相続人それぞれが弁護士を依頼し、弁護士同士が**依頼人の代理人となって、自分の依頼者の利益が最大になるように話し合う**、という形になります。

こうした形での「調整」の場合、法律的にはうまく収まるかもしれません。しかし、相手に対する感情的な部分については「収まらない」……となる可能性が高いでしょう。なぜなら、基本的には勝つか負けるかのやりとりになってしまうからです。

また、弁護士に調整を依頼するとなると、弁護士費用がかかりますから、依頼する側もそれなりの覚悟がいります。「ちょっともめている」段階では、そこまで大事《おおごと》にはしたくない……というのが当事者たちの本音でしょう。

そのため、一般的に、相続でもめた場合に弁護士が登場するのは、相続人同士での話し合いではどうにも解決できずになった段階です。それ以前の段階では、「当事者同士が話し合ってなんとか決着をつけなさい」というのが、今の日本の遺産分割協議をめぐる現状なのです。

● 士業がサポートしてくれるのは「専門分野のみ」と考えたほうがいい

遺産分割協議での弁護士の立ち位置を述べましたが、相続において弁護士が登場するのはそれだけではありません。ここまでは相続市場において、主に「相続対策」の部分でビジネスをしているプレイヤーたちについて述べてきました。一方、いざ被相続人が亡くなり相続が開始し、**さまざまな手続が必要**になってくると、登場してくるのが、弁護士を含めた**士業の人**たちです。具体的には、**税理士**や**弁護士**、**司法書士**などです。こうした専門家たちが、相続に関わる煩雑な手続を、相続人に代わって行ってくれるのです。

ただし、こうした士業の人たちは相続でのさまざまな手続にすべて対応できるわけではありません。「対応できること・対応できないこと」があります。それをまとめたのが92ページの図表3－3です。

たとえば、「相続税の申告」への対応ができるのは税理士のみですし、不動産の名義変更は原則、司法書士のみが対応可能です。

士業の人たちのこうした「対応できること・対応できないこと」は各種の法律で明確に規定されているため、逆にそれ以外のことをしてしまうと法律違反になってしまいます。

たとえば、「相続のプロ＝税理士」と多くの人が思われているようですが、実

図表3−3　●専門分野　○対応できる　×対応できない

	税理士	司法書士	行政書士	弁護士
相続人・財産の調査	○	○	○	○
遺産分割協議書の作成	×	○	●	×
相続税の申告	●	×	×	×
不動産の名義変更	×	●	×	×
相続放棄	×	○	×	○
相続トラブルの代理交渉	×	×	×	●

際に、相続において**税理士**が「対応できること」は、「**相続人・相続財産の調査**」と「**相続税の申告**」であり、相続に関するあらゆることをサポートしてくれるわけではありません。

先ほど、遺産分割協議でもめた場合に、「調整」できるのは弁護士のみで、弁護士資格を持っていない人が「調整」を行い、それに対する報酬を得てしまうと弁護士法違反になると述べました。そうした理由もあるのでしょう。遺産分割協議でもめたときに自分たちの顧問税理士に

「調整」を依頼しても、「対応できません」という返事が返ってくることが多いようです（なお、相続市場における「税理士」の立ち位置については、この後に述べます）。

こうしたスタンスは税理士だけでなく、その他の士業の人たちでも同じです。彼らは法律での「自分たちの役割」とはっきり規定されているもの以外はやりたがりません。実際、自分たちが対応できるのか否かがグレーな部分に首を突っ込んでしまったがゆえに資格はく奪となってしまえば、元も子もありませんからね。

だからこそ、相続手続等で士業の人たちに相談・依頼する場合は、彼らが「対応できること」をしっかり把握し、その部分で相談・依頼していくことだと思います。

また、各士業の人たちが、必ずしも「相続」が得意なわけではありません。高齢社会になり相続の件数も年々増えているとはいえ、ほかの案件に比べれば、相続に関する仕事の発生件数は少なく、それを専門にしている士業の人は少ない印象です。

そのため、「相続が専門分野である」、あるいは「相続の仕事を積極的に受けている」という部分をよく確認した上で、相談をしに行くのがいいと思います。

●税理士は「税金のプロ」であって「相続のプロ」ではない

さてここで、相続における「税理士」の役割について述べておきましょう。

最初に断言しておきます。「税理士さん＝相続のプロ」と考えている方が圧倒的に多いようですが、実際のところ、**「相続のプロ」の税理士はごく少数**です。大多数の税理士は、「税金のプロ」であっても、「相続のプロ」ではないのです。

ここで思い出していただきたいのが、そもそも年間の死亡者数はここ20年間を見ると、100万〜150万人であり、相続税の申告が必要になるのはその1割弱です（10〜15万人弱）。一方、税理士の数は日本全国で約8万人ですから、相続税の申告の仕事は1年に1回あるかないかです。つまり、税理士にとって相続

図表3－4　相続税にくわしい税理士は意外と少ない

・税理士登録者で、国家試験合格者は何%ぐらいいると思いますか
2023年3月31日現在資格別税理士登録者数（2023年5月・日税連発行税理士界）より

資格別	人数	%
国家試験合格者	34,874	43.22
試験免除者	32,071	39.74
税務署等出身特別試験合格者	1,981	2.46
公認会計士	11,046	13.69
弁護士	718	0.89
税務代理士	2	0.00
資格認定者	0	0.00
合計	80,692	100.00

税関連の仕事は圧倒的に少ないのです。

さらに言えば、**税理士試験において、選択科目である相続税法を選択する人は少数派**です。

税理士試験は、会計2科目と税法3科目の5科目に合格する必要があります。税法については9科目あり、そのうち法人税と所得税はいずれか1科目を必ず選択し、残りの7科目については1科目もしくは2科目を選択する形になっています。

これらの科目の中で選択されることが多いのは、税理士になったときに仕事につながりやすい所得税や法人税、消費税などです。つまり、相続税を勉強しないで税理士になった人というのは、結構多いのです。

また、税理士の場合、税務署に一定年数勤務した国税従事者など、ある条件を満たせば無試験で資格を取得できる制度があります。そのため、税理士登録者の中で国家合格者の占める割合は約40％強で、**6割近くの税理士が無試験で資格を取得**しているわけです。こうした試験制度の現状から、相続税を勉強した上で税理士になった人がかなり少ないことが推測できます。

こうした状況ですから、相続を専門分野として仕事をする「相続のプロ」の税理士がごく少数派というのも納得なのではないでしょうか。

先ほどの士業の「できること・できないこと」の表でも示しましたが、一部の「相続のプロ」の税理士を除いて、大多数の税理士が提供してくる主なサービスは、

- **相続財産それぞれについて相続評価をしてくれる**
- **遺産分割協議での決定に基づき、相続人それぞれ相続税額を計算する**
- **相続税の申告書を作成する**

です。

つまり、大多数の税理士は、相続において「**相続税を計算し、税務署に申告すること**」しか対応しくれないのです。「税金のプロだから」と節税対策の相談に行ったところで、「それは我々の仕事ではないので」と断られてしまうことが大半です。なぜなら、節税対策の多くが税理士の専門外の知識（たとえば不動産や建築、保険など）を必要としているからです。生半可な知識で対応して、後からクレームが来るのは、たいてい税理士にとって避けたいところでしょう。そのため、先ほどの対応になってしまう……というわけです。

●「税務署」寄りの税理士も少なくない

そもそも、**大半の税理士は「相続対策」のアドバイザーとして適任ではないと**

私は考えています。

なぜなら、先述したとおり、税理士の中には税務署ＯＢ・ＯＧが多いからです。税務署ＯＢ・ＯＧの税理士のスタンスとして「**納税は国民の義務。節税なんてもってのほか**」となりがちです。こうした税理士からこちらが望むような節税対策のアドバイスをもらえることはほぼ期待できないのではないでしょうか。

なかには「私に任せれば、税務署からの調査はない」というのが売りの税務署ＯＢ・ＯＧの税理士もいます。しかし、なぜ調査がないのかといったら、高めの納税額で申告しているケースが多いから……と聞いたことがあります。つまり、節税とは真逆のことをしているわけです。十分すぎるほどの納税をしてくれる人に税務署も調査なんてするわけありません。

実際、相続税に関しては「納めすぎ」のケースが結構あります。国税庁のデータによると、２０２０（令和３）年度に相続税の払い過ぎで還付を受けた相続人は５８９人。その金額は約14億８３００万円でした。

当社では「相続税の払いすぎ」に対する相談も行っているのですが、

1000万円単位での払い過ぎのケースは結構あります。もちろんこうしたケースがすべて税理士に任せたことによって起こったわけではありません。ただ、税務署寄りの税理士や、相続評価、とくに不動産の評価にくわしくない税理士に依頼してしまうと、「相続税の納め過ぎ」ということが起こりやすいのではないでしょうか。

以上のことから、**税理士は「税金のプロ」であって「相続のプロ」ではない**こと、もっといえば、**「相続対策のアドバイザー」でもない**ことはご理解いただけたことでしょう。

【セカンド・オピニオン】

●相続対策でも「セカンド・オピニオン」を持つことが重要である

ここまで相続市場のさまざまなプレイヤーの市場内での立ち位置と、彼らに相続対策や手続をお願いする場合の注意点を述べてきました。

そして、繰り返しお伝えしたいのが、とりわけ相続対策で登場するプレイヤーたちは、みな**「売りたい商品・サービス」を持っており、それを売ることが1つの大きな目標**になっている、ということです。そのため、お客様に将来発生する「相続全体」まではなかなか見てくれていない可能性があるのです。

だからこそ、彼らから提案を受けた場合、100％任せきりにしてはいけません。彼らの提案する商品は、あくまでも相続対策の1つにすぎず、それをどう活用していけば、よりよい形の相続になるのかを自分たちで検討していく必要があります。

そして、その際にオススメしたいのが、さまざまなプレイヤーたちからの、さまざまな提案について「**相談できる存在**」**を持つ**ことです。

医療の世界に「セカンド・オピニオン」という言葉があります。現在診療を受けている医師の診断や治療方法等について、違う医療機関の医師から「第2の意見」をもらうことです。

相続においても、何らかの判断をしなければならないときなどに、**セカンド・オピニオンをもらえる存在**がいると、より複層的に現状を把握し、対策を講じていけると思います。

●相続対策では「正解」は1つではない

相続専門の財産コンサルタントの仕事を長年続けていて、本当に面白いと感じるのは、相続対策の正解は1つではない、ということです。財産の評価にしても、財産の活用の仕方にしても、専門家によって見解が分かれる案件というものが結構多いのです。

実際、不動産の相続評価については、税理士や不動産鑑定士などに依頼することが多いと思いますが、そうした**専門家が10人いれば10人とも評価が異なる**といわれています。

ここでは、私がかつて相談を受けたケースで、専門家によって見解が分かれた興味深い事例を2つご紹介します。

【事例1】 夫から渡されたお金を「貯金＋運用」で1億円に増やした女性。それは夫の財産？　それとも自分の財産？

夫を亡くされたある女性のケースです。その人は毎月夫から「生活費だ」といって50万円をもらっていました。それを月に20万円くらいしか使わず、残りの30万円を投資信託や株などの運用に回していました。そして、夫が亡くなった時点で、この女性は1億円弱の資産を持つまでになっていました。

驚いたのは、夫が亡くなった際に夫の相続財産を計算していた税理士です。働いたことのない妻がこれだけの大金を持っていることに「あれ？」と思い、この女性に「このお金はどうしたんですか？」と尋ねました。

すると女性は正直に、「夫から毎月渡されていたお金で運用していた」と返答。それを聞いた税理士は女性にこの指摘をしました。

「このお金は、ご主人のお金を奥様の口座で管理する『名義預金』にあたりますので、ご主人のお金です。ただ、たとえそうなっても配偶者控除で妻の法定相続分（つまり2分の1）は非課税になるから安心してください」

しかし、それを聞いた女性は納得がいきません。もともと夫婦仲がよくなかったのもあったのでしょう、「これは夫の財産ではなく、私の財産です」と主張し続けました。女性いわく「運用したのは私だから、私の財産だ」。一方、税理士のほうも、「それで申告しても税務署から指摘されますよ」と一歩も譲りません。

そこで、女性は当社にセカンド・オピニオンを求めて相談にいらっしゃいました。私たちは、税理士によっていろいろな解釈があるのだろう」と、知り合いの税理士に訊いてみることにしました。

すると、その税理士の答えは、「ご自身で運用していたのだったら、1億円のうちどれくらいが利息かがすでにわからなくなっていると考えられます。しかも、その財産管理・運用をすべて自分で行っていたとなれば、『すべて運用した人の財産』とすることもできるのではないか」というものでした。

つまり、運用していた場合、損もしたり、得もしたりの繰り返しなので、「いくらが元本で、いくらが利息だったのか」の区別が、すでにつかなくなっています。そのため「すべてを『妻の財産』としてよいのでは？」という理屈です。

その旨をこの女性に伝えたところ、なんと「その税理士さんに申告をお願いしようかな」。そして実際にこの考えで申告したところ、税務署からの指摘もなくスンナリ通りました。

もちろん、同じようなケースで、必ずしもこの理屈が通用するわけではありません。実際、最初に「それは無理」と判断した税理士の考え方は間違っていません。こちらの税理士の考えのほうが「正しい」と判断されることもあります。

この女性の主張が通った要因としては、彼女が純粋に「これは私の財産」と思っていたことが大きいと私は思っています。逆に「あわよくば、これは私の財産として主張できるかも」という邪《よこしま》さがある場合は、うまくいかなかったのではないでしょうか。

次も、最初から「ダメ」ではなく、できるところまでトライすることの重要性を教えてくれる事例です。

【事例2】5人の専門家から意見をもらったことで、「広大地評価」の適用を勝ち取れた

数年前は、「広大地評価」という特例がありました。現在は、「地積規模の大きな宅地の評価」に変更されています。広い土地で、大規模な工場用地やマンション適地ではないと判断された場合に適用される特例です。

そうした広すぎる土地を個人が買うことはほぼなく、不動産業者等が購入して造成し、宅地分譲するのが一般的です。となると、そこには道路も必要ですし、公園なども造られるかもしれません。そうした住宅の建てられない部分を差し引いて相続評価するわけです（つまり差し引かれた分だけ評価減になります）。

広大地評価の特例は、納税者側が、その特例を使えるか、使えないかを判断し、申告をすることになっています。

小林さん（仮名）は、自分としては広大地評価の特例が使えると思っていた土地について、税理士を通して不動産鑑定士に調査を依頼することにしました。するとその鑑定士から、「ここは使えないですね」という回答。しかし、それに納得がいかず、あるとき、当社にセカンド・オピニオンを求めて相談にいらっしゃいました。

そこで、当社と協力関係にある不動産鑑定士の方5人に確認していただきました。すると、そのうちの4人は「使えない」の回答だったのに対して、1人だけが「使えます」という回答。それぞれの回答を伺い、同じ土地でも、不動産鑑定士によって判定はマチマチなのだと改めて実感しました。

そして、「使えます」という回答をくれた不動産鑑定士と一緒に小林さんの相続申告を担当している税理士に、その旨を説明しに伺いました。我々の判定の根拠にその税理士も納得してくださったようで、広大地評価の特例を使う形で申告。結果的には、税務署からこの特例の否認を受けることはありませんでした。

本書ではこの2つの事例のみの紹介ですが、実際、専門家によって評価や判断は本当に多種多様です。そして、「こうしたいけど可能だろうか」ということに対して、「どうしたらそれを可能にできるだろうか」という発想でいろいろ検討していくと、意外と「できる」を実現するための方法が見つかったりします。

当社は相続対策での長いコンサルティング経験から、そのことを知っているため、お客様から問い合わせがあった場合に複数の専門家の意見を聞くようにしています。それがお客様の大切な財産をお守りする当社の職務だと思っているからです。

そして、複数の専門家から意見を聞き、全員が「適用できない」という判断であれば、お客様も納得できます。逆にたった1人の専門家の判断しかなければ、相続が完了した後も、お客様の気持ちの中にはなんとなく納得できない思いがずっと残ってしまいます。そうした事態はやはり避けたいですよね。

●セカンド・オピニオン選びの6つのポイント

では、こうしたセカンド・オピニオンのアドバイスは、どういう人からもらえばよいのでしょうか。

それは**「相続のプロ」にお願いする、**ということに帰着します。

ただ、現在は、相続市場が拡大中ということもあり、「相続のプロ」を名乗る人たちはたくさんいます。税理士や司法書士、弁護士、行政書士などの士業の人が、「相続専門」の看板に掲げている場合もあります。銀行や信託銀行も、相続をトータルでサポートする各種商品を提供しています。

その他、相続診断士、相続コーディネーター、遺産相続コンシェルジュ、相続カウンセラーといった名称もウェブ等で近年見かけるようになりました。彼らも当然、「相続のプロ」を名乗っています。

そして、当社のような財産コンサルティング会社ももちろん、「相続のプロ」の1プレイヤーです。

では、こうした多種多様な「相続のプロ」の中から、どうやって「真の『相続のプロ』」を見つければいいのでしょうか。

私自身は、次に挙げる6つのポイントが「真の『相続のプロ』」の必須条件であり、すべてを併《あわ》せ持っていることが欠かせないと考えています。

ポイント①特定の商品を持っていない
ポイント②相続全体を俯瞰《ふかん》して、ワンストップでサポートしてくれる
ポイント③さまざまな専門家と対等に話ができる

ポイント④家族全員と話ができる
ポイント⑤「相続後」も相談できる
ポイント⑥つねに情報を刷新している

それぞれのポイントについて具体的にみていきましょう。

◆ポイント①　特定の商品を持っていない

これは公正中立に相続のアドバイスをする上で必須条件です。

特定の商品を持っている場合、やはりそれを**お客様に「売ること」が一番の目的**になってしまいます。「相続相談」という看板を掲げていたとしても、最終的に自分たちの商品を買ってもらう方向にお客様を誘導しようとします。相続に関する提案も結局のところ、自分たちの商品を活用した内容になります。

つまり、お客様としては、それ以外の選択肢をアドバイスしてもらえない、もしくは、もらいにくくなるのです。

彼らからの提案がお客様にとってベストな選択であれば問題ないのですが、必ずしもそうとは限りません。そもそも**「特定の商品を持っている」こと自体、すでに公正中立ではありません。**「この担当者の話は信頼できるのだろうか……？」と疑心暗鬼になりながら話を聞くより、もともと特定の商品を持っていない専門家に相談したほうが、ストレスも少ないと思います。

◆ポイント② 相続全体を俯瞰し、ワンストップでサポートしてくれる

相続対策というのは、**全体を「俯瞰《ふかん》する視点」**というものが非常に重要です。こうした視点を持たないまま、たとえば、節税対策のことで頭がいっぱいになってしまうと、分割や納税への対策がすっぽり抜けてしまい、いざ相続が発生したときに右往左往することになりかねません。

分割においても、単に「分ければいい」というわけではありません。誰がどの財産を相続するかにまでしっかり目を向ける必要があります。そうでないと、たとえば、不動産経営に向かない人がアパートを相続した場合、うまくいかない可

能性が高く、そうなると資産が「死産《しさん》」になりかねません。

ただ、俯瞰するには「相続」に関する幅広い知識が必要です。しかし、相続というのは、人生でそう何度もあることではないため、一般の人が「幅広い知識」を持つにも限界があります。

だからこそサポートしてくれる存在が必要なわけです。そして、その際に、専門家に求めるのは、相続相談の経験が豊富で、相続に関する知識も相続対策から実際の手続きまで網羅的で、相談者からの質問に対して気軽にかつ真摯に答えてくれる専門家なのではないでしょうか。

つまり、**相続全体を俯瞰でき、かつワンストップでサポートしてくれる専門家**。相続のプロを探す際には、そうした視点でもチェックすることが大切です。

◆ポイント③　さまざまな専門家と対等に話ができる

相続では、税理士や弁護士、司法書士など、さまざまな専門家に相談したり、手続きを依頼したり、といったことが起こってきます。そうした場合に、自分でいろいろ探すよりも、そうした士業の人たちと相談してくれる窓口があると楽ですし、なにより安心です。

そのため、**さまざまな士業の人たちとパイプ**があり、**必要に応じて彼らにつないでくれる**、ということも、相続のプロの条件です。

そして、そうしたパイプがあるだけでなく、**彼らと対等に話ができる**ことも重要です。

たとえば、税金的にはベストな方法であっても、分割または納税の視点で見ると、その家族にとってベストでない、ということもあります。そんな場合に、「税金的にはそうですが、遺産分割のことを考えると、こっちのほうがいいのではないですか?」と、相続全体を俯瞰した上で発言できるかどうか。

このような場合、あくまでもお客様の立場に立ち、同じ方向を見て、士業の人たちとのやり取りをサポートしてくれる存在であるかどうかも、しっかりチェックしておきましょう。

本書で繰り返し述べているとおり、相続でもっとも難航しやすいのは、遺産分割です。

きょうだいの場合、関係の近さもあるのでしょう、他人同士よりもお互いに言いすぎてしまい、ケンカになることが多い印象です。そんなとき、**間に入ってお互いの言い分を聞き、関係を調整してくれる存在**がいると、意外とスンナリ事態が収拾していきやすくなります。

しかし、先述したとおり、日本の法律では、遺産分割協議で「調整」業務を担えるのは厳密に言うと「弁護士」だけだといわれています。弁護士資格がない人が「調整」業務をしてしまうと、弁護士法違反となる可能性もあると聞きます。

ただ、「業務」としてではなく、非公式に相続人それぞれの言い分に耳を傾け、その中で折り合いの付けられる部分を見つける手伝いをする、ということは弁護士資格がなくても可能だと考えています。実際、当社も含めて、相続専門の財産コンサルティング会社ではそうしたサポートを行っているところがいくつかあります。

そして、こうしたサポートをしていくには、その専門家自身が、**第三者の立場で家族の一人ひとりと話ができる**ことが大前提です。それができることで、相続人それぞれの状況を具体的に理解した上で、相続人一人ひとりが納得できる分割方法を見つけるお手伝いができるのだと思います。

◆ポイント⑤　「相続後」も相談できる

相続は今、目の前にある相続（一次相続）で終了ではありません。家族が世代交代するように、二次相続、三次相続と続いていきます。そして、一次相続が無事に終わったとしても、それが100％完璧で、次に続く二次相続等がスムーズにいくとは限りません。だからこそ、**一次相続での遺産分割等のことをよくわかっている人が、その後も引き続き相談に乗ってくれる**と安心です。

金融機関のように2～3年で担当者が交代するという場合、引き継いだ後任者がすべてを把握してくれているとは限りません。その結果、質問しても的を射た回答を得られなかったり、相談者の側から再度経緯を説明しなければならなかったり、といったことも多々あるようです。

そうしたストレスを減らすためにも、その専門家が**「相続後も継続的に相談できるかどうか」**もしっかりチェックしておきましょう。

◆ポイント⑥　つねに情報を刷新している

相続に関する税制は、ほぼ毎年マイナーチェンジを繰り返していますし、また数年に1回、大きく変更されることもあります。また、分割対策にしても、節税対策にしても、「従来のやり方」がいつの間にか時代遅れになっていることもあります。

だからこそ、相続のプロは、それぞれのご家族にあった対策を提案できるよう、**つねに情報をアップデート**することが求められます。

自分たちが相談する専門家が、**情報に敏感**で、**新しい情報をつねにキャッチ**することを心がけているかどうかも、重要なチェックポイントになるのです。

以上が、本当の意味で頼りになる「相続のプロ」を見つけ出すためのチェックポイントです。ぜひ参考にしてみてください。

第4章

相続対策①　分割

●家系図をつくって「相続人」を把握する

ここからは、相続の具体的な対策についてみていきます。「相続対策」というと多くの人が「節税対策」から検討し始めます。そして、人によっては、その後もひたすら節税のことだけを考え、分割対策や納税対策をほとんどしないまま実際の相続を迎える……となるケースもあります。しかし、これでは、第2章でみた相続の失敗パターンにまんまとハマってしまいます。

相続対策は、第1章でも述べたとおり、**「分割→納税→節税」の順序で考えることが鉄則**です。そこでこの章では、相続対策で最初に取り組むべき「分割対策」について具体的にみていきます。

分割対策として、まず取り組みたいのが、「**財産の棚卸**」です。具体的に何をするのかといったら、「**誰が相続人になるのか**」と、「**どのような相続財産がそれぞれどれくらいあるのか**」を調べることです。

まず「相続人」についてですが、民法では法定相続人の範囲を、死亡した人の配偶者、子ども、父母、兄弟としています。

そのうち、**配偶者はつねに相続人**です（ただし、内縁関係の場合、相続人に含まれません）。そしてそれ以外の人たちは、次の順位で相続人となります。

・**第1順位：子ども**（養子も含む。子どもが亡くなっている場合は、その人の子どもや孫）
・**第2順位：父母**（父母が死亡している場合は、祖父母）
・**第3順位：兄弟姉妹**（兄弟姉妹が死亡している場合は、その子ども）
※この中で、相続を放棄した人は相続人に含まれない。

いかがでしょうか。誰が相続人になるかは、**家系図をつくる**と理解しやすいと思います。

家系図のつくり方としては、自分（と配偶者）を中心に第1順位（子や孫）の家系図を書いていきます。

この際、注意したいのが離婚した場合です。離婚した配偶者は相続人に入りませんが、子については、離婚して相手側に親権が移ったとしても相続人になります。これは見落としてしまいがちなのでご注意ください。

そして、この第1順位（つまり子や孫）がいない場合は第2順位が相続人となり、第2順位もいなければ第3順位が相続人となります。それらの場合は、第2順位、または第3順位の家系図をつくっていきましょう。

●どのような財産が、どれくらいあるのかを確認する

相続人が把握できたら、次に相続財産を確認していきます。実際、ご自分たちが「どこに、何を、どれくらい持っているのか」をきちんと把握している人は意外と少なかったりします。

しかし、それを曖昧にしたまま、突然、万が一のことが起こると、遺された家

図表4－1 家系図

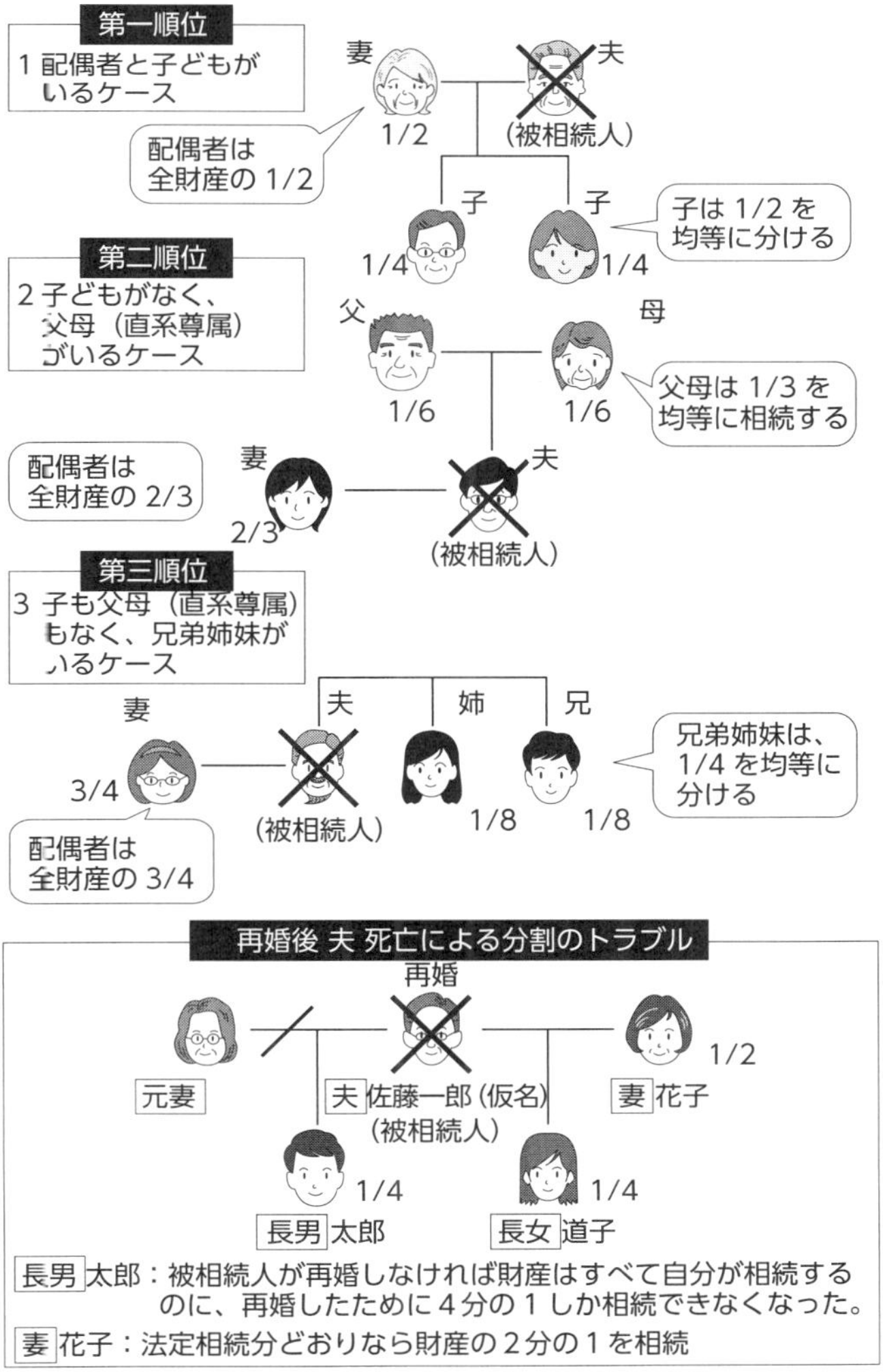
第一順位
1 配偶者と子どもがいるケース
妻
夫
1/2
(被相続人)
配偶者は全財産の 1/2
子
子
子は 1/2 を均等に分ける
1/4
1/4
第二順位
2 子どもがなく、父母（直系尊属）がいるケース
父
母
1/6
1/6
父母は 1/3 を均等に相続する
配偶者は全財産の 2/3
妻
夫
2/3
(被相続人)
第三順位
3 子も父母（直系尊属）もなく、兄弟姉妹がいるケース
妻
夫
姉
兄
3/4
(被相続人)
1/8
1/8
兄弟姉妹は、1/4 を均等に分ける
配偶者は全財産の 3/4
再婚後 夫 死亡による分割のトラブル
再婚
元妻
夫 佐藤一郎 (仮名)
(被相続人)
妻 花子
1/2
1/4
1/4
長男 太郎
長女 道子
長男 太郎：被相続人が再婚しなければ財産はすべて自分が相続するのに、再婚したために４分の１しか相続できなくなった。
妻 花子：法定相続分どおりなら財産の２分の１を相続

族は相続財産の正確な把握のために四苦八苦することになりかねません。生きている（できれば元気な）うちに、相続財産を「**どこに、どんな形で、どれくらい持っているのか**」をきちんと把握しておくことが大切です。

財産は大きく2つあります。**プラスの財産**と**マイナスの財産**です。プラスの財産とは、不動産、現預金、有価証券、死亡保険金、死亡退職金、貸付金などです。マイナスの財産とは、借入金（連帯債務になっている負債も含む）、買掛金、未払金などです。

これらについて、「どこに何をどれくらい持っている」を確認していくのですが、意識したいのが、**「相続税評価」でみていく**、ということです。

たとえば、不動産（土地・建物など）の場合、相続税を試算する場合の評価額は、原則「時価」です。ただ、これはあくまでも「原則」であり、路線価評価で計算することも認められています。

まず土地については、毎年国税庁から発表される**路線価をベースに相続税評価額を計算**します。路線価の定められていない場所は、固定資産税評価額に国税庁が出す倍率を掛けて算出します（倍率方式）。

一方、建物（自宅）については、固定資産税評価額に一定の倍率を掛けて評価します。今のところこの倍率は全国的に1・0倍なので、**自宅の場合、固定資産税評価額＝相続税評価額**となっています。

そのほか賃貸アパートや賃貸マンション等の収益不動産については、建物も土地も、相続においては自宅や自用地よりも、評価額が下がります。土地については、貸家建付地の評価となり、更地の評価がより減額されます。その計算式は割愛しますが、だいたい**更地の相続税評価の80％程度**になるかと思います。建物については、借家人の権利（借家権割合）の分だけ減額され、借家権割合が30％なので**固定資産税評価額の70％の評価**になります。

相続税を試算する場合は、これらの計算式に当てはめて財産を把握していけばいいのですが、分割対策を考える際は、相続評価額ではなく、**「時価」で把握していったほうがいい**と思います。とりわけ、不動産の場合、その意識が重要です。

なぜなら、現金と違って、不動産の場合、相続税評価額と時価との乖離が大きい場合があり、それが結局、相続後に遺された家族の間の争いの火種になってしまう可能性があるからです。

たとえば、遺産分割で、長男に相続税評価額で5000万円の不動産を、次男には5000万円の現金を相続するとなったとします。これだけを見ると、両者に平等に分割となっていますが、実際にその不動産の時価が7000万円だった場合、そうではなくなります。場合によって次男から「兄さんのほうが多い」という不満が出てくる可能性もあります。

また、収益不動産にしても、時価で見るとそれほど高くなくても、駅から近いなど立地の良さもあって、つねに満室で収益性は高いという場合もあります。逆もしかりで、収益性が低くて、相続すると単なるお荷物になる場合もあります。そうしたその**物件そのものが持つ価値をしっかり数値化**したおいたほうが、透明性の高い遺産分割となり、相続後の余計な争いを防止できます。

こんな具合に、分割対策として相続財産を確認する場合には、できるだけそれを現金化したときの価値で見ていくことが重要なのです。

●「財産の全体像」を、相続人それぞれが共有する

財産の棚卸が終わったら、その相続にからむメンバー（できるだけ全員）との間で、相続財産の全体像を共有する、ということも忘れてはいけません。たとえば、盆や正月などの機会に「家族会議」を開いて、その際に伝えるというのでもいいでしょう。それが難しい場合は個別に伝えるという形でもいいと思います。ただし、その場合、**「全員に伝える」ということは必須**です。相続にからむメンバー全員が、「わが家にはだいたいこれぐらいの財産がある」ということを知っていることが重要なのです。

そして、この「知っている」の中には、今現在の財産だけでなく、これまでに子どもや孫などに「贈与した財産」も含めておきましょう。

子どもや孫に親（祖父母）がかけたお金は「まったく同じ」ではないと思います。大学に進学しなかった子より、進学した子のようが、基本的にはより多く教

育費がかかります。「結婚をする・しない」「家を建てる・建てない」などによっても、親から子への援助額は変わってくるかもしれません。

こうした違いが、家庭によっては遺産分割の際の火種になる場合もあります。そうした争いを生まないためにも、ある程度、それぞれの子ども（や孫）にかけたり、贈与したりしたお金は、相続にからむメンバーの間で共有していたほうが無難です。また、被相続人から相続人に対して、「○◇には、これくらいお金をかけたんだから、相続のときにそんなに多くは欲しがるなよ」といったことをあらかじめ言っておくことも重要だと私は思います。

これまでいろいろなご家族の相続対策のご相談を受けてきて感じますが、身内の場合、**お互いの間に透明性が確保されていると、多少遺産分割で受け取る額に差があってもそれほどもめなかったりします**。逆に、不透明な部分があると（たとえば、ほかの兄弟姉妹には内緒で親のところに行ってこっそりお金をもらった、など）があると、それがわかったとき、収拾がつかないほどにもめまくる……となりがちです。

当社が以前、ご相談を受けたケースです。

ご両親と男性ばかりの3人兄弟というご家族で、ご長男が家を継ぐことになっていました。そのため、ご長男が当社に相談にいらして、相続対策についてご両親・ご長男と当社との間で進めていくことになりました。それに対して、2人の弟さんたちは「兄貴に任せる」というスタンスで、ほぼノータッチの状態でした。

ところが、相続がだんだん現実のものになってくるに従い、弟さんたちもだんだん実際にどのような分割になるのかが気になってきたご様子で、ご長男に「どうなっているの？」と質問してくることが増えているご様子でした。それに対してご長男は、「相続の専門家も入っているので大丈夫だよ。悪いようにしないから、俺に任せておけ」という返事。

この言葉に弟さんたちは、「もしかしたら兄貴ばかり得しようとして、俺たちに何も教えようとしないのでは……」と疑心暗鬼になるばかり。実際のところ、ご長男にはまったく悪気はなく、これは本心からの言葉なのですが、弟さんたちのほうではそう受け取ってくれなかったのです。

そしてあるとき、弟さんたちから当社に、「どうなっているのか話が聞きたい」というご連絡がありました。そこで、ご長男からの了解も得て、ご両親とご長男とで検討している相続対策の内容についてご説明させていただきました。それを聞いて弟さんたちは「兄貴、本当に俺たちのことをきちんと考えてくれていたんだ」とご納得されたご様子。

その後は、弟さんたちも当社に相談にいらっしゃるようになり、当社を調整役に3人のご兄弟の間で、相続に関する情報をすべて共有できる状態になりました。その結果、今はご長男への疑心暗鬼も解消され、昔通りの仲の良いご兄弟になられています。

このケースで私自身強く感じたのが、**遺産分割では「透明性」ということが本当に大きなキーワードになる**のだ、ということです。相続にからむメンバーの間で情報が透明になっていれば基本的にはうまくいきます。それどころか、多少、不平等な分割になっていても、透明性が高いとお互いに納得しやすくなります。

このケースでも、その後、お父様が亡くなられて、奥様とご兄弟とで遺産分割が行われました。その際、ご兄弟の分割は4：3：3と、ご長男が弟さんより1割多く財産を相続されましたが、弟さんたちからの不満の声はまったく聞かれませんでした。それどころか、ご長男だけがマイナスの財産（借金）を引き継いだこともあり、「兄貴には申し訳ない」という言葉も聞かれるくらいでした。

●相続人の「相続」に対する意向にしっかり耳を傾ける

相続財産について、相続にからむメンバーでの共有をする中で、誰がどの財産を相続するかといった話も出てくることと思います。そうした話し合いの中で、相続人それぞれの「相続に対する意向」にもしっかり耳を傾けておくことが大切です。

たとえば、「相続税が少なくて済むならマイナスの財産があってもOKという人」もいれば、「相続税を払ってもいいので、マイナスの財産は絶対に引き継ぎたくない」という人もいます。

当社のお客様のケースです。

その方は不動産を数多く所有されていて、節税対策としてアパートを建てて不動産事業を始めることも検討されていました。そこで、その対策をした場合の相続税を試算してみたところ、対策をしなかった場合、相続税は数千万円になる一方、対策をすると相続税は100万円で済むという結果になりました。

ところが、その話を相続人となる娘さんに話したところ、「借金は絶対に嫌。借金を抱えるくらいなら、数千万円の相続税を払うほう選ぶ」との返事でした。

娘さんの夫は外資系企業に勤務して給料もよく、また親からの生前贈与もあり、数千万円の相続税を払えるだけの資産もあります。そのため、「借金を返し続けなければいけないストレスを考えたら、相続税を納めたほうが楽」という結論に至ったようです。

実際、アパートを相続したら、借金の返済だけでなく、維持費などいろいろお金がかかります。不動産事業に関心がない人にとっては、金銭的にも精神的にもきついだけ……という部分には無きにしも非ず、です。

娘さんからのこの返事を聞き、結局、その方は「節税対策はやめましょう」という結論を出されました。

このような場合に、被相続人と相続人とが、「どういう形で相続したいか」についてしっかり話し合っておくということは非常に大切です。

このケースのように、「借入れをしてアパートを建てる」というのは、節税対策においてとてもポピュラーな方法です。ただ、親としては「わが子が相続の際に、相続税の納税で苦労しないため」なのかもしれませんが、相続するわが子が喜ぶとは限りません。

とりわけ人口減少が進む昨今は、アパートを相続したところで、なかなか借り手が見つからず、期待通りの家賃収入が見込めない可能性もあります。日本の将来を見据えたとき、「親は『家賃収入で借金は返済ができるから心配はいらないよ』と言っているけど、本当にそうなの？」と、相続人たちが不安に感じるのも当然です。親にとっての「よかれ」が、わが子にとっても「よかれ」になるとは限らないのです。

だからこそ、**被相続人と相続人との間でしっかり話し合い、お互いの考えをすり合わせておく**ことが欠かせません。

たとえば、何らかの節税対策を検討しているのであれば、「この対策には、こういうメリットとデメリットがある」ということを丁寧に説明する。その上で、相続人に疑問点や不安なところなどを聞いていき、それを1つ1つ解消していく。それでも、相続人が「その対策はやめてほしい」というのであれば、やはりやめたほうがいいと思います。

実際に相続するのは、相続人です。相続人が相続の内容に「納得している」ということは不可欠です。被相続人の思い込みだけで決して突っ走らないことです。

●分割のしやすさを考え、必要に応じて不動産を現金化しておく

また、相続人の中には、できれば「現金」を相続したい人もいれば、「不動産」を相続したい人もいます。

昨今の傾向としては、バブル崩壊後、日本の地価は下がっていく一方でしたから、「不動産よりも現金で相続したい」という人が多い印象です。

また、そもそも不動産というのは、分けづらいために、遺産分割で悩みの種になることも多いようです。そこで「『共有名義』できょうだい仲良く分けましょう」としてしまうと、第2章で紹介した**【失敗パターン③】**（39ページ）のように、そのうちの一人が「その土地を売却したい」と思っても簡単には売却できない……という状況に陥ってしまいます。

相続財産としての不動産の扱いづらさはそれだけではありません。不動産を相

続して相続税が発生した場合に、納税は原則現金のため、納税資金をつくる必要があります。納税用の預貯金があれば問題ないのですが、そうでない場合には、その不動産を売却するなどして納税資金を確保しなければなりません。こうなると、相続人にとってなんとも負担の重い財産となってしまいます。

こうした相続財産としての不動産の扱いづらさを勘案して、相続財産の多くが不動産という場合、相続人たちの意向を聞きつつ、**必要に応じて現金化**しておくことも大切でしょう。

●分割対策で大切なのは、「平等」ではなく「公平」

相続財産の全体像を相続にからむメンバー全員で共有し合うところまでいったら、今度はそれを「どう分割するか」を決めていくことになります。この「分割」こそが相続の肝であり、相続が「爽続（＝家族の誰もが納得し、後悔することのない爽やかな相続）」となるか、「争族（＝財産をめぐって家族が争う相続）」となるかを握っているといっても過言ではないでしょう。

そして、これまで20年以上、相続対策関係の財産コンサルティングを行ってきて実感しているのが、相続を「爽続」にする秘訣は、財産の分割に際して**「公平」を意識**すること。逆に相続争い（争族）に発展してしまう大きな原因は、被相続人も相続人も**「平等」を意識しすぎる**からだと考えています。

「公平」と「平等」。一見同じ意味を表しているようですが、相続ではその意味が大きく異なります。

図表4−2　「公平」と「平等」

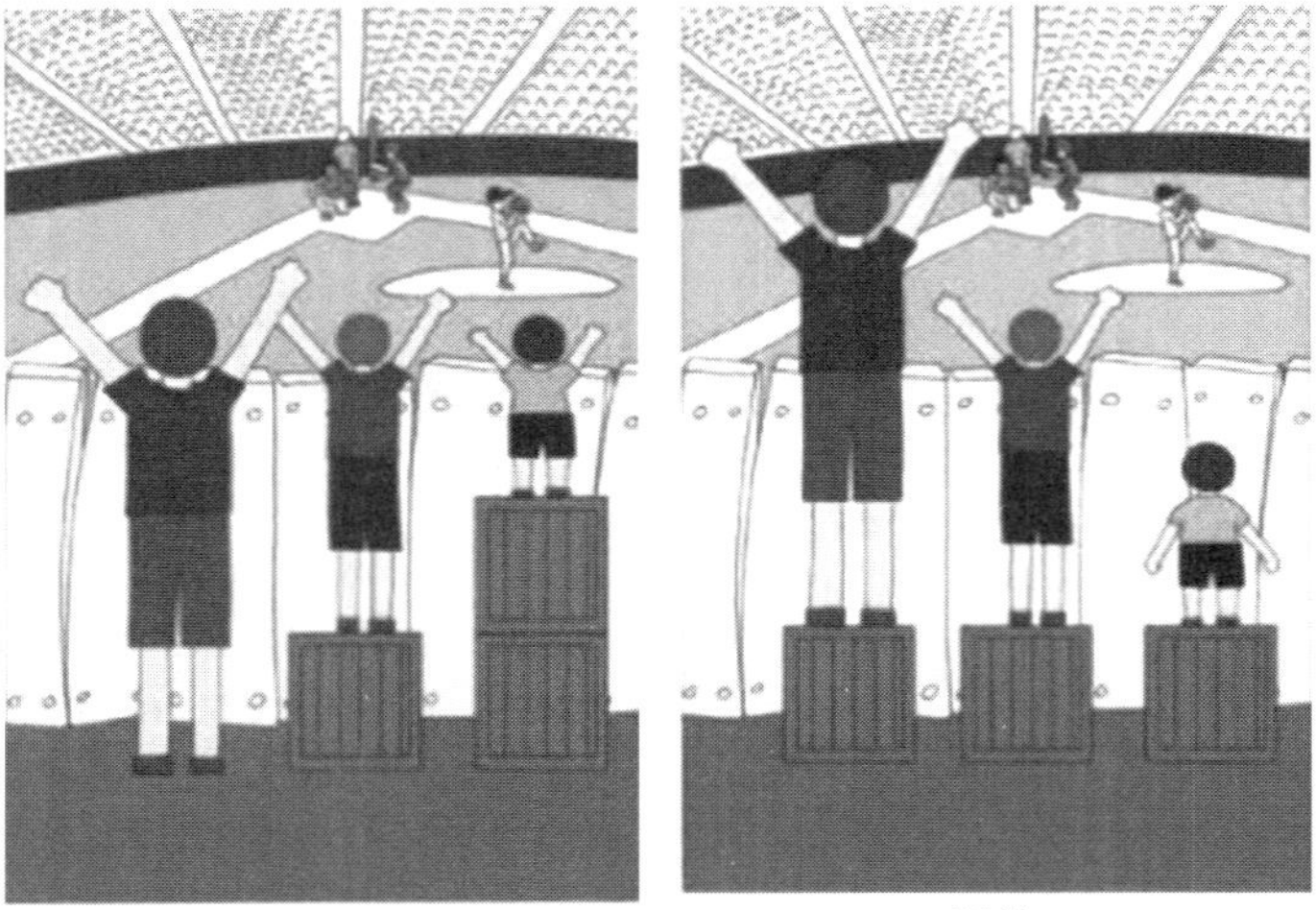

公平　　　平等

相続でいう平等とは、いわゆる法定相続分で分けることです。つまり、配偶者と子2人であれば、配偶者の相続分が2分の1で、子はそれぞれ4分の1ずつ相続する、となります。

一方、相続での公平とは、**法定相続での相続割合に縛られず、それぞれの状況に合わせて、相続分を決める**、という方法です。たとえば、子どもが数人いたとして、その全員が同じような生活をしているわけではありません。それぞれの状況に合わせて、たとえば、「この子には障害を持つ子がいるから、少し多めに」

など配慮して分割する。これが公平な分割です。

なぜ、「平等な分割」が争族に発展しやすく、「公平な分割」が爽続に落ち着きやすいのか、前ページの**図表4－2**のイラストを見ていただくと一目瞭然だと思います。

平等のイメージは、このイラストにあるように、3人の子どもに同じ箱を1つずつ与えられている状態です。ただ、これだと一番背の低い子どもは背が届かず野球観戦ができません。一方、公平のイメージでは、一番背の高い子は箱がなくても観戦できるので、その子の分の箱を、一番背の低い子に与え、全員が野球を観戦できる状態になっています。

こんな具合に、3つの箱を全員に等しく与えるのではなく、**それぞれの状況に合わせて与える数に差をつける**。これが公平の意味するところです。

このイラストからわかるように、それぞれの状況を鑑みないまま平等にこだわってしまうと、結果的に不平等になってしまいます。そのため、相続人の中から不満が出やすくなり、「争族」に発展しやすくなってしまうのです。

一方、それぞれの状況に合わせて公平に分割することは結果的に平等な形になりますから、相続人それぞれも納得でき、「爽続」につながりやすくなるのです。

●民法には「法定相続分で分けなさい」とは規定されていない

ところが、こうした話をすると、「相続というのは、法定相続分で分けるのがルールなのではないでしょうか」とおっしゃる方が少なくありません。しかし、これは相続に対する「誤った認識」です。

相続に関するルールは民法で規定されているのですが、遺産分割の基準については民法９０６条にこう書かれています。

民法906条（遺産の分割の基準）
「遺産の分割は、**遺産に属する物又は権利の種類及び性質、各相続人の年齢、職業、心身の状態及び生活の状況その他一切の事情を考慮**してこれをする。」

つまり、遺産の分割は、遺産の種類（不動産でも、農地なのか、宅地なのか、収益不動産なのか、など）や、相続人の年齢や仕事、心身の健康状態、生活状況などを考慮した上で行いなさい、と規定されているのです。これはまさに「公平に分割」の立場です。民法が規定する遺産の分割の基準は「もろもろを考慮した上で分割する」であり、「法定相続分での分割」を基準としていないのです。

さらに、最高裁判所のある判例を見ても、「法定相続分のとおりに相続が行われなければいけないわけではない」という旨のことが言われています。具体的には次の判例です。

「民法は、社会情勢の変化等に応じて改正され、また、被相続人の財産の承継につき多角的に定めを置いているのであって、本件規定を含む民法900条の法定相続分の定めはその一つにすぎず、法定相続分のとおりに相続が行われなければならない旨を定めたものではない。すなわち、被相続人は、法定相続分の定めにかかわらず、遺言で共同相続人の相続分を定めることができる。また、相続を希望しない相続人は、その放棄をすることができる。さらに、共同相続人の間で遺産分割の協議がされる場合、相続は、必ずしも法定相続分のとおりに行われる必要はない。共同相続人は、それぞれの相続人の事情を考慮した上、その協議により、特定の相続人に対して法定相続分以上の相続財産を取得させることも可能である。もっとも、遺産分割の協議が調わず、家庭裁判所がその審判をする場合には、法定相続分に従って遺産の分割をしなければならない。

このように、法定相続分の定めは、遺言による相続分の指定等がない場合などにおいて、補充的に機能する規定である。」

(平成7年7月5日最高裁判所大法廷判決「遺産分割審判に対する抗告棄却決定に対する特別抗告」) ※傍線は作者追加

傍線で示したとおり、「法定相続分のとおりに相続が行われなければならない旨を定めたものではなく」、「共同相続人の間で遺産分割の協議がされる場合、**相続は、必ずしも法定相続分のとおりに行われる必要はない**」のです。そして、法定相続分というのは、「遺言による相続分の指定等がない場合などにおいて、**補充的に機能する規定**」にすぎないのです。

●「なぜこう分割するのか」を相続人に必ず伝える

いかがでしょう。実際、相続対策のコンサルティングの現場にいると、「私には法定相続分をもらえる権利あるのですよね」という発言に数多く出くわします。とくに、こうした発言は、65歳より下の世代に多い印象です。逆に、それより上の世代になると、長男など家を継ぐ人が多めに相続しても、「おかしい」と主張する人は少ない印象です。

こうした違いは、65歳より上の世代の場合、戦前の旧民法での「家督相続」（長男がすべての財産や権利を相続すること）の感覚を親から植えつけられていた世代である一方、それより下の世代では、戦後の平等教育等により「平等意識」が強いことによるのではないでしょうか。

平等意識そのものは決して悪いことではないと思います。ただ、相続に関しては、強すぎる平等意識は分割の際のもめる原因となり、争族に発展してしまう大きな要因だと私は考えています。

だからこそ、被相続人の立場にある親御さんたちには、「子どもたちに平等に分割」の考えにとらわれずに、**子どもたちの状況に合わせて「公平に分割」を意識**していただきたいのです。

そしてそのためにも、生きているうちにきちんと分割について検討し、その件についてお子さんたちとしっかりコミュニケーションをとっていくことが不可欠です。親がどのような考えをもって、こうした形の分割にしたのかを丁寧に説明してもらえれば、お子さんたちも納得しやすいと思います。

その際、誰にどの財産をどのように分けるかの意思表示を明確にするために、**「遺言書」を書くことも重要**です。遺言書というと「死を連想させる」と書くのをためらう方が結構いらっしゃいますが、実際に書いてみると、ご自分のこれまでの人生を振り返るいい機会になったりします。

また、遺言書を書くことで、遺される家族たちが「こうあってほしい」というご自分の「想い」を伝える機会にもなります（その意味で、私は遺言書を「家族へのラブレター」と呼んでいます）。

もしあなたが被相続人の立場でしたら、本書を読んだのを一つのきっかけとして、ぜひ遺言書づくりにトライしてみていただければと思います。なお、遺言書のつくり方については、第6章で解説します。

●金額では測れない「実際の価値」も考慮して分割

「公平に分割する」に関して、もう1つ意識していただきたいことがあります。それは、同じ5000万円の財産でも、**どんな「形」をしているかで「実際の価値」は異なる、**ということです。

たとえば、5000万円を「現金」で相続した場合は、相続税が発生した場合に現金化することなくそこから納めることができます。また、相続後、金融機関に預けておけば、利息もつきます。つまり、基本的には、一番手間のかからない相続財産といえます。

一方、時価5000万円の「更地」を相続した場合は、もし相続が発生すれば、その更地を売却して現金化する手間が生じることもあります（納税するだけの現預金がなければ）。

売却を免れても、その更地を持っている限り、毎年、固定資産税がかかります。

なので、そのまま活用せず更地のままにしておけば、その価値は基本的には年々目減りしていくことになります。逆に地価がどんどん上がって行ったり、何らかの収益性のある事業に活用して儲かるようになれば、相続時の5000万円より価値を高めていける可能性もあります。

また、同じ不動産でも、時価で5000万円の価値のある収益不動産（アパートやマンションなど）を相続した場合、そこから家賃収入が得られる反面、維持費でかなりの出費を要したり、マイナスの財産（借入金）も引き受けた場合は、それを返済したりしなければなりません。アパート経営などの事業に興味がない、あるいは苦手な人にとっては、かなり負担の重い相続財産になります。

人によっては、時価5000万円の本家の土地家屋を相続することもあるでしょう。この場合、目に見えない「付き合い」というものがたいがい付随します。たとえば親せき付き合いだったり、近所付き合いだったり。

そうなると冠婚葬祭への出席だったり、菩提寺から寄付を求められたりなど、毎年の交際費も結構な額になったりします。本家を継ぐ場合、こうした付き合いも継ぐということになりますから、本家を継いだ人がほかの兄弟姉妹よりも多めに相続するというのは、こうした本家に付随する負担を考えれば非常に公平な分割といえるわけです。

分割においては、目に見える金額だけで検討するのではなく、こうしたそれぞれの財産が持つ**「目に見えない価値（もしくは負担）」もしっかり把握**しておくことが大切です。そして、当然ながら、相続にからむメンバー全員とそれを共有する。さらに、誰に何をどう分割するかを決めていく際には、相続人それぞれにこの「目に見えない価値（もしくは負担）」を伝えた上で、「それでもＯＫか？」という意思確認をしっかりしておくことも忘れないようにしましょう。

●相続財産の「定期検診」をしよう

自分がいつ死ぬのかを予測することはなかなかできないものです。なので、相続も多くの場合、いつ起こるかを予測することはできません。そのため、一度、相続財産の棚卸や、遺産分割のだいたいの目途をつけられたからといって、「これで安心」とその後、何もせず……というのはオススメしません。その後、20年、30年生きる可能性もあり、その間、今お持ちの財産がそのまま維持されるわけではないのですから。

たとえば、土地の評価の基準になる路線価は毎年変わります。バブル崩壊後、地価の下落が続いていましたが、近年は、都心部を中心に上昇傾向です。そうした地域に不動産を所有していた場合、当然、路線価も毎年上がり、その分、評価額も上がり、相続財産の金額も増えていきます。

そうなると、以前、相続税の試算をしてみたときには「課税なし」だったのが、今の相続財産の評価額で資産し直してみると、「課税あり」となるかもしれません。

この相続税の「課税なし」から「課税あり」への変化は、借入額の変化でも言えることです。借入額が多いときには、その分、相続財産の評価額がマイナスになるので、「課税なし」となっていたかもしれません。ところが、借入れというのは返済していけば、その残高は減っていきます。その分、借入れによる節税効果は薄れていき、気が付いたら「課税あり」に転じている可能性もあるのです。

その他、相続税を含めた税制も毎年マイナーチェンジをしていますし、ときに大きな大改正も行われます。そうした変化によって課税の「なし」「あり」も変わっていきます。

こうした変化は税制以外の制度でも毎年起こっていますから、納税対策や節税対策にしても、「今」はそのご家族にとってベストかもしれませんが、数年後もそうであり続けるとは限りません。そのときの制度や経済状況等に合わせて、別な対策にチェンジしたほうがいい場合もあるわけです。

いかがでしょうか。「人生１００年時代」の現代は、相続対策においても、20年、30年……と長いスパンで見ていく必要があるのです。そして、その時、大事になるのが、「対策を一度講じたらおしまい」ではなく、**定期的にチェック**しておくこと。

私たちがオススメしているのが、定期検診を毎年受ける感覚で、**「毎年」、財産チェックをする**ことです。

健康を維持する上で、毎年、定期検診を受診することは非常に重要ですよね。この定期検診の習慣がない人が、あるとき、調子が悪いからと医療機関を受診したら、すでに末期のがんだった…というケースもあります。こうした事態は、相続財産でも起こり得ます。「10年前に相続税の試算をしたら『課税なし』だった」と安心していたところ、改めて試算し直したら「課税あり」となり、慌てて納税資金づくりをしなければならなくなってしまった……ということは、結構、起こり得ます。

こうした事態に陥らないためにも、毎年、財産の「定期検診」をしていくのです。

当社でも、こうした財産の「定期検診」のサービスを提供しておりますが、そこで行うのは主に次のチェック（図表4－3）です。

こうした財産の「定期検診」の結果は、毎回、必ず相続にからむメンバーで共有するようにしましょう。そうした共有の機会を持つことで、遺産分割についてのそれぞれの意見を確認し合えるいい機会になります。また、相続人同士が、そのときのお互いの状況を知る機会になります。

このようにして、相続に関わるさまざまな情報をできるだけオープンにし透明化していくことで、後々の相続をもめごとのない、お互いが納得し合える「爽続」にするための土壌が作られていくと私は考えています。

図表4−3　財産の「定期健診」

財産の再棚卸

この1年（数年）で保有財産に変動がなかったことを再確認する

□売却した不動産、購入した不動産

□保険の加入

□株や投資信託…銘柄と現在価値

□生前贈与の有無

□現預金の変動

□借入金の残高の確認

相続税の再計算

毎年変わる路線価に対応

納税計画の立案

税制改正による評価および税額への影響

第5章

相続対策②　納税・節税

●納税できる預貯金等があるなら、納税対策は必要なし

この章では納税対策と節税対策について解説していきます。

第4章で解説した分割対策は、相続税が課税される・されないに関係なく、親などから受け継ぐ相続財産がある場合、行っていくことになります。一方、納税対策と節税対策については、検討する必要があるのは、**相続税が課税される、もしくは課税される可能性があるご家族のみ**です。相続財産の総額が相続税の基礎控除（3ページ）の金額以下の場合、納税と節税の対策について考える必要はありません。

また、相続税が課税される、もしくは課税される可能性がある場合でも、預貯金等の流動資産で十分に支払える納税額であるならば、リスクを伴う納税対策は必要ないと考えます。この場合は、もう少し税負担を軽くしたいというならば、

無理のない範囲で節税対策を行っていく、こととなるでしょう。

一方、預貯金等だけでは納税できないという場合は、最優先で納税資金を確保する目途をつける必要があります。こういう場合に、「まず節税対策をして相続税額を減らすことを最優先にしたほうがいいのでは？」とおっしゃる方がいますが、それはオススメしません。

なぜなら、節税対策で相続税額を減らすには限界がありますし、ある程度の相続財産がある場合、多額の借入れでもしない限り、そもそも相続税がゼロになることはないからです。結局、**いくら節税対策をしたところで、相続税は発生し、納税資金は必要**となるのです。

また、相続税額を減らす、もしくはゼロにするために節税対策をやり過ぎれば、いろいろ無理が出てしまい、結局、相続の失敗パターンに陥ってしまう可能性があります。第1章で紹介した最高裁判決で「租税回避行為」とみなされ多額の追徴課税をされたケース（16ページ～）や、第2章で紹介した納税対策をしなかったために節税対策で建てたアパート3棟をすべて売却することになった**【失敗パ**

ターン④】（45ページ）などが、いい例でしょう。

「納税資金がない」という場合は、納税資金を確保すべく納税対策を最優先に行うのが鉄則です。節税対策に着手するのは、納税資金のだいたいの目途がついてから。これが失敗しない相続の鉄則なのです。

●納税対策と節税対策はセットで考える

ちなみに、「節税対策に着手するのは、納税資金のだいたいの目途がついてから」と書きましたが、「納税対策」を十分にしたら「節税対策」に着手する、という意味ではありません。当社が相続対策でお客様方にご提案しているものの多くは、「納税対策にもなり、節税対策にもなる」という方法です。そのため、「納税対策→節税対策」というより、**納税対策と節税対策を「セット」で行っていく**、といったほうが適切かもしれません。ただ、その際につねに「納税資金を確

図表5－1 納税対策と節税対策

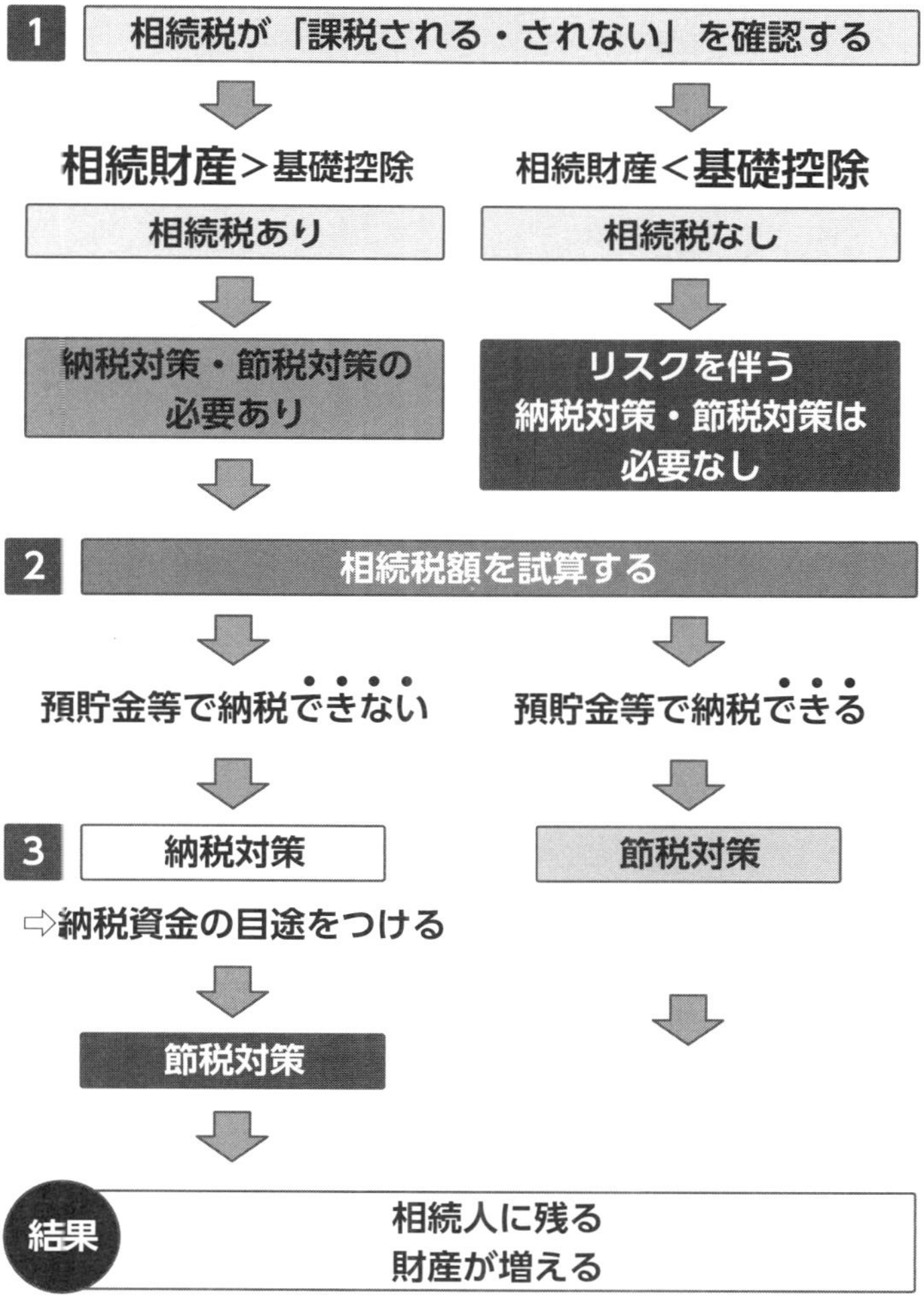

保できるのか」を最優先に考える必要があるし、何らかの節税対策を行った際には必ず「納税はできるのか」をチェックする必要があります。つまり、**つねに「納税」を優先的に考える**わけです。だからこそ、「納税対策→節税対策」となるのです。

では、当社がお客様方に提案している「納税対策と節税対策をセットで行っていく方法」とはどのようなものでしょうか。

そのポイントとなるのは次の５つです。

ポイント①　収益アップ
ポイント②　資産管理法人の活用
ポイント③　財産の効率的な移転
ポイント④　相続税の特例の活用
ポイント⑤　時価と相続評価の「乖離」の活用

この章では、これら5つのポイントについて、具体的な方法を紹介しながら、解説していきます。まずは①の「収益アップ」からみていきましょう。

【ポイント①】収益アップ

●賃貸経営は「儲ける」をしっかり考える

相続税や固定資産税の節税対策として活用されている方が多いのが、本書でもたびたび触れてきた「賃貸住宅の建設&賃貸経営」です。

そして、いざ賃貸経営をスタートした場合に、少なからずのオーナーさんたちが「あまり儲からない」と感じている印象です。そうなってしまっている要因としては、この手法を売り込んだハウスメーカーのセールストークが大きいのではないでしょうか。どんなセールストークかというと、こんな具合です。

「この賃貸住宅は節税対策のためのものなので、儲からなくていいのです。逆に儲かると、預金が資産として蓄積され、その分が相続財産にプラスされ、相続税も増額になります」

儲かった分が蓄積されたら、その分、相続財産が増え、相続税も増額になる、というのは事実です。しかし、それを理由に「儲からなくていい」と収益アップを考えないのはまちがった考え方です。せっかく賃貸経営を始めたのですから、「儲けること」をきちんと視野にいれたほうがいいですし、儲かった分を蓄積し、さまざまな手法で相続人に移転したりすることで納税資金をつくっていくこともできます。

そもそも、第2章の**【失敗パターン④】**（45ページ）でも見たように、多額の借入れをして賃貸住宅を建てたところで、相続税がゼロにはなかなかなりません。多額の借入れをすることで、当初は相続税がゼロになるかもしれません。しかし、借入れは返済するごとにその残高は減っていき、マイナスの財産も少なくなっていきます。その意味で、**借入れをした被相続人が長生きすればするほど、借入れによる節税効果は薄れていき、それに伴い相続税額も増えていってしまう**のです。

そして、人生１００年時代といわれる昨今ですから、借入れをした被相続人がどれだけ長生きするかわかりません。そうした「長生き」した場合の納税対策として、賃貸経営においては「儲ける」ということもやっておいたほうがいいのです。

また、賃貸経営で「儲ける」を考えないことのリスクはそれだけではありません。収益性がない状態を放置してしまうと、いざ相続の際、税務署からその賃貸住宅の建築や購入を「租税回避行為」とみなされてしまいかねません。

第1章で紹介した最高裁判決により多額の追徴課税になった事例（16ページ）がまさにそれで、最高裁が「節税対策として明らかにやり過ぎ（単に相続税を減額するためだけに行った）」と判断した理由の1つが、その物件に収益性がなかったことも一因だといわれています。

納税資金確保のためにも、税務署から「やり過ぎの節税対策」として目を付けられないためにも、賃貸経営での収益確保は欠かせないのです。

なお、賃貸経営でいかに収益を出していくかのノウハウについては、それをテーマにした書籍等をご参照していただければと思います。

【ポイント②】資産管理法人の活用

●資産管理法人をつくり、納税対策と節税対策を同時に行う

賃貸経営での収益が蓄積していけば、それを納税資金にしていけるわけですが、一方で、蓄積が増えれば相続税額も増えていくため、結果として「納税資金が足りない！」となってしまうリスクもあります。そうした事態を避けるためには、つねにそのつど「相続税額」をみながら、「収益」をコントロールする、となるのですが、それは結構、手間がかかります。それにしんどいですよね。

実は、収益アップを目指しながら、同時に節税対策も講じていける方法がありますす。それは、**「法人」をつくる**、です。

所有する資産を管理することを目的とする資産管理法人をつくり、その法人に賃貸住宅を移転し（＝法人が所有する形にする）、家賃収入等の収益をそこが管理する形にするのです。

個人所有から法人所有にすることで、その人の相続財産を減らすことができ、かつそこから得た収益も個人の相続財産に含まれなくなります。その結果、収益アップに比例して相続税額が上がっていく、とはならなくなるのです。

また、相続人を、その法人の役員にして、法人が得た収益を給与や役員報酬、退職金などの形で分配していくことで、相続人たちが納税資金を貯めていくことができます。

さらに、家賃収入等の収益が法人にある程度蓄積されている場合には、相続の際に被相続人の土地を法人が購入し、その代金を受け取った相続人たちは、それを納税資金にあてることもできます。この場合、売却した土地はその法人が所有することになりますから、被相続人の土地を身内以外の第三者の手に渡ることを回避することができます。

●個人より法人のほうが税金面でいろいろ優遇されている

資産管理法人をつくることの税金面でのメリットは、今挙げたものだけではありません。他のメリットも確認していきましょう。

〈メリット①〉税率が低くなる

個人の所得税は、最高税率が45％でそこに住民税の10％がプラスされ、税率の合計は、最高で55％になります。最高税率になりやすい富裕層の場合、所得税の実効税率が50％近くになり、収入の約半分が税金となるわけです。

一方、法人の場合、実効税率（法人の実質的な法人税負担率）は2段階になっていて、収益が８００万円以下だと約25％、８００万円を超えると約33％になります。

法人設立のコストや、維持のためのコストを考慮に入れても、**所得税率の高い人の場合、法人化したほうが税率面ではメリットが大きい**といえます。

〈メリット②〉経費化できる項目が多い

個人の場合と比べて、法人化したほうが、**経費として扱える項目が増えます。**こうしたことも法人化のメリットだといえます。

中でもメリットが大きいのが**保険料**です。個人の場合、生命保険、介護医療保険、個人年金保険とも、確定申告での保険料控除は最高4万円です（2011年以前の契約の場合、生命保険料と個人年金保険料の控除額はそれぞれ最高5万円）。つまり、1年間にどれだけ保険料を支払っても、最高12万円までしか控除してもらえないのです。

一方、法人が経営者や役員、社員を被保険者として保険（生命保険、損害保険など）を契約した場合、保険の商品のなかには、**保険料の2分の1〜3分の1ぐらいを損金として計上できる**ものもあります。

2019年の税制改正以前は保険料の全額を損金にできる保険が多くありましたが、現在は、保険料の損金算入ルールが厳しくなり、2019年以前に比べると節税効果はだいぶ減っています。それでも2分の1〜3分の1ぐらいを損金として計上できるのですから、個人の場合よりは節税効果はあります。

〈メリット③〉死亡退職金の非課税枠が使える

さらに、経営者や役員などを被保険者にした生命保険は、彼らが在職中に亡くなった際に支払う死亡退職金（退職手当等）として使うことができます。これも、法人の場合、保険料と退職金は経費として計上できます。

さらに、法人側の節税対策になるだけでなく、死亡退職金を受け取った遺族の側にも節税効果があります。

死亡退職金は死亡後3年以内に確定したものは「相続税」の対象となりますが（死亡後3年を経過して確定したものは、遺族の一時所得となり、「所得税」の対象）、全額が相続税の対象となるわけではありません。相続人が受け取った場合には非課税枠が設けられており、**「500万円×法定相続人の数」で算出される金額が非課税限度額**になります。そのため、死亡退職金がその限度額以下の場合、相続税は課税されません。

この死亡退職金の非課税枠は、個人の生命保険の非課税枠と併用できるので、受け取った相続人側にとっての節税効果は非常に大きくなります。

なお余談ですが、元気なうちに退職する場合に支払うのを勇退退職金といいますが、この資金づくりでも生命保険を活用できます。この場合は、生命保険の解約返戻金を活用します。この場合も、保険料・退職金とも経費として計上できますので、節税効果が高くなります。

【ポイント③】財産の効率的な移転

●コストをかけずに財産を贈与するには？

次に財産の移転をみていきます。

被相続人が生きている間にその人の財産を相続人たちに移転しておくと、その人の相続財産も減りますから、相続税が課税されるとしても、財産が少なくなった分、相続税額も減ります。そして、そのための方法が「生前贈与」です。

生前贈与には、大きく【1】「**単純に贈与する**」と、【2】「**形を変えて贈与する**」の2つがあります。まず、【1】の「**単純に贈与する**」からみていきましょう。

【1】単純に贈与する

①暦年贈与

「生前贈与」と聞いて、多くの方がイメージするのは「**暦年贈与**」ではないでしょうか。暦年贈与はすでに第2章でも取り上げましたが（50ページ）、ここでおさらいしておきましょう。

これは、暦年課税制度を利用した生前贈与の方法です。暦年課税制度とは、「その年の1月1日から12月31日までの1年間に贈与された財産の合計額に応じて課税する」という制度です。ただし、その1年間に贈与された金額の全額が課税対象になるのではなく、**110万円の基礎控除**があり、その金額の範囲内であれば贈与税はかかりません（それを超えると金額に応じて10～55％の税率がかかります）。

暦年贈与というのは、一般的にこの「年間110万円の基礎控除」を活用して、小分けにして贈与税ナシで、時間をかけて財産を移転する、という方法です。暦年贈与の場合、「1人の受贈者につき、年間110万円の基礎控除」のため、同じ年に何人にでも110万円の贈与をすることが可能です。相続発生にまでそれなりに時間がありそうな場合にはオススメの方法です。

ただ、第2章でも述べたとおり、暦年贈与を活用する場合、いくつかの注意点があります。

【注意①】 相続発生前7年分は、相続税の課税対象になる

生前贈与で移転した財産については、全額が贈与者（贈与した側の人）の財産から差し引かれるわけではありません。令和6年の税制改正で相続発生前の7年間（改正前は3年間）については、その間に贈与した分は、贈与者の相続財産に持ち戻されて計算されます。つまり、この期間の財産移転がなかったことになるわけです。なお、改正によって延長された4年間分の贈与については、贈与金額の総額から100万円控除できます（ただし、相続人以外の孫等に対する贈与は対象外）。

なので、ある程度、長い期間をかけて贈与する場合でないと、暦年贈与による財産移転の節税効果は少ないといえます。

【注意②】 定期贈与とみなされると、贈与税が課税される

これについては、すでに第2章の【失敗パターン⑤】で解説しました（50ペー

図表5−2　暦年課税

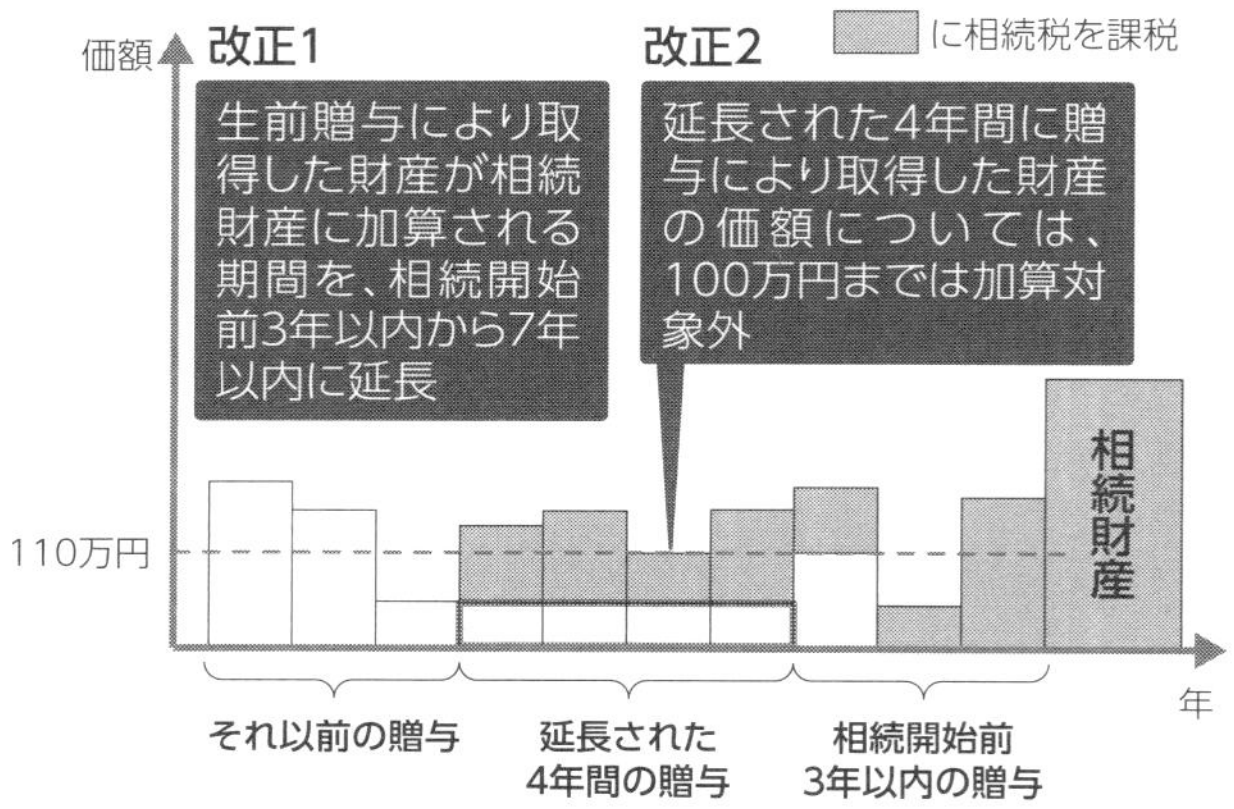

贈与税

1年間に贈与により取得した財産の価額の合計額から基礎控除額110万円を控除した残額に、一般税率または特例税率の累進税率を適用して、贈与税額を算出する。

相続税

相続または遺贈により財産を取得した人が、その相続開始前7年以内に被相続人から贈与により取得した財産がある場合には、その取得した財産の贈与時の価額を相続財産に加算する。
ただし、延長された4年間に贈与により取得した財産の価額については、総額100万円まで加算されない。

ジ）。

生前贈与は、贈与者と受贈者双方の「合意」によって成立するというのが大前提です。そのため、「合意」の証明として、「贈与契約書」を作成することをオススメしています。

ただし、毎回作成するのは面倒だからと、「10年間かけて110万円ずつを贈与する」など、1回にまとめた形で作成するのはNGです。これだと「1100万円の財産を10回に分割して贈与しただけですよね」と定期贈与とみなされ、1100万円に対する贈与税が課税されかねません。ご注意ください。

【注意③】「名義預金」とみなされると、贈与者（被相続人）の財産に加算される

贈与の中には、親が子どもや孫の名前で口座をつくり、そこに基礎控除額110万円の範囲でお金を積み立てるという形もあります。これも財産の移転として有効ですが、第2章の**【失敗パターン⑥】**で述べたとおり（56ページ）、名義預金とみなされると、贈与者の相続財産に加算されてしまいます（つまり、財産の移転が「ナシ」となってしまうわけです）。

名義預金とみなされやすいケースは、双方の「合意」を示す贈与契約書がなく、通帳や印鑑の管理を贈与者が行っている場合などです。そうならないためには、

- **贈与契約書を作成する**
- **口座の存在を受贈者（口座の名義人）に知らせる**
- **受贈者に通帳や印鑑の管理を行ってもらう**

ということを必ず行うようにしましょう。

②都度贈与

生前贈与は基礎控除額の110万円があるとはいえ、それを超えてしまうと贈与税がかかります。では、贈与税をかけずに110万円を超える額を贈与する方法はないのでしょうか？

実はあります。その1つが、「**都度贈与**」と呼ばれる方法です。

これは、夫婦や親子、兄弟姉妹など扶養義務者から、生活費や教育費にあてるために贈与した財産のうち、通常、必要と認められるものの場合、贈与税がかかりません。「通常、必要と認められるもの」の定義がなかなか難しいのですが、国税庁のHPを見ると、生活費については、「通常の日常生活に必要な費用」のことであり、「治療費、養育費その他子育てに関する費用も含む」となっています。教育費については、「学費や教材費、文具費など」となっています。

たとえば、「孫が大学の医学部に受かり、入学金500万円を、祖父母が援助する」という場合、これは学費にあたりますから、贈与税がかかりません。また、子や孫の結婚費用だったり、出産や不妊治療等にかかる医療費だったりを援助してあげる場合も、このルールが適用されます。

基礎控除額110万円を気にせず贈与できる使い勝手のいい制度で「節税対策」にはなりますが、一方で「納税対策」には活用できません。というのも、**贈与した「目的」のために「使い切る」のが適用の条件**だからです。そのため、贈与されたお金を預金したり、株式や不動産の購入にあてたりした場合には、贈与税がかかります。

この条件を守ることは当然のこととして、税務署から「本当にその『目的』のために使ったのですか?」と問われたときに、「そうです!」と言い切れるための「証拠」(たとえば、祖父が孫の入学費を支払った場合、祖父が支払ったことがわかる領収書など)もきちんと残しておくことも重要です。

③教育資金の一括贈与/結婚・子育て資金の一括贈与

子や孫の教育費や結婚費用、出産・子育て関わる費用などを援助した際に、非課税となる制度としては、都度贈与のほかに、「**教育資金の一括贈与**」と「**結婚・子育て資金の一括贈与**」と呼ばれる制度があります。

どちらも、金融機関に専用口座を開設し、所定の手続を行うことで、教育資金の場合は最大1500万円、結婚・子育て資金の場合は最大1000万円が非課税になる制度です。

ただ、これらの贈与ではいくつか条件があります。主な条件は次のとおりです。

《教育資金の一括贈与》

- **受贈者の年齢：30歳未満の子や孫**
- **2026年3月31日までに専用口座に入金されたもの**
- **受贈者が30歳に到達した時点で契約は終了**

《結婚・子育て資金の一括贈与》

- **受贈者の年齢：18歳以上50歳未満の子や孫**
- **2025年3月31日までに専用口座に入金されたもの**
- **受贈者が50歳に到達した時点で契約は終了**

どちらの制度でも、資金の対象となるものにはルールがあり、それ以外のものに使用した場合は贈与税が課税されます。また、契約終了時に口座に残額があれば、その残高分にも贈与税が課税されます。その他、贈与者が亡くなった際に口座に残額があれば、それは「贈与者から相続したお金」とみなされ、一定の要件にあてはまると相続財産に合算されます。

こうした制限を考えると、都度贈与のほうが、「その都度」という面倒さはありますが、こうした税金がかからない分、使い勝手がいいのでは、というのが私の考えです。

また、教育資金の一括贈与や結婚・子育て資金の一括贈与の場合、「一括」という名前のとおり、1回の贈与で完結します。なので、子や孫から感謝されるのも1回でおしまい。一方、「都度贈与」の場合、贈与するたびに「ありがとう」と言ってもらえますし、また子や孫と会える機会も増えます。そうした「感情」の部分でも、私個人は「都度贈与」のほうがメリットが多いのでは……と思っているのですが、みなさんはいかがでしょうか？

ただし、教育資金の一括贈与や結婚・子育て資金の一括贈与が都度贈与に比べてまったく魅力がないというわけではありません。たとえば、都度贈与の場合、贈与者が認知症になってしまったり、万が一亡くなってしまったりした場合は、贈与ができません。一方、一括贈与の制度を利用した場合、専用口座に残金があれば、受贈者はそこから引き出すことができます。

こうしたリスクも考慮しながら、どちらの贈与を利用するのが、ご自分には適しているのかをご検討されるとよいと思います。

④相続時精算課税制度

「単純に贈与する」について、最後にご紹介したいのが、「**相続時精算課税制度**」です。

これは、60歳以上の親（祖父母）から18歳以上の子（孫）への贈与において選択できる制度で、贈与者ごとに累積で特別控除2500万円までが非課税となります（2500万円を超えた部分には20％の贈与税を仮払いします）。

ただし、「相続時精算課税」という名前のとおり、贈与者が亡くなり、相続が発生した際には、その贈与したお金については、贈与時の評価額で相続財産と合算して相続税を計算し、納付した贈与税を精算します。つまり、贈与したことで財産が移転しますが、相続時に精算するのです。その意味で節税効果はさほど期待できません。

ただ、相続対策としてまったくメリットがないかといったら、そんなことはありません。

たとえば、ある財産について、「確実にこの相続人に継承してもらいたい」という思いがあり、かつ相続財産が基礎控除を下回り、相続税が発生しない場合には、この制度はオススメです。贈与税の負担なしに、確実にその相続人に財産を移転することができます。

また、将来、値上がりする可能性が高い財産を持っている場合、この制度を使うと、相続時に贈与時の評価額が適用されるので、その分、相続税が軽減されるメリットがあります（以前、担当したケースで「区画整理が入る前の土地を低い評価で贈与した」というのがあります）。

そのほか、賃貸住宅をこの制度を使って、相続人に生前贈与しておくと、場合によっては節税対策や納税対策になる場合があります。

図表5－3 相続時精算課税制度

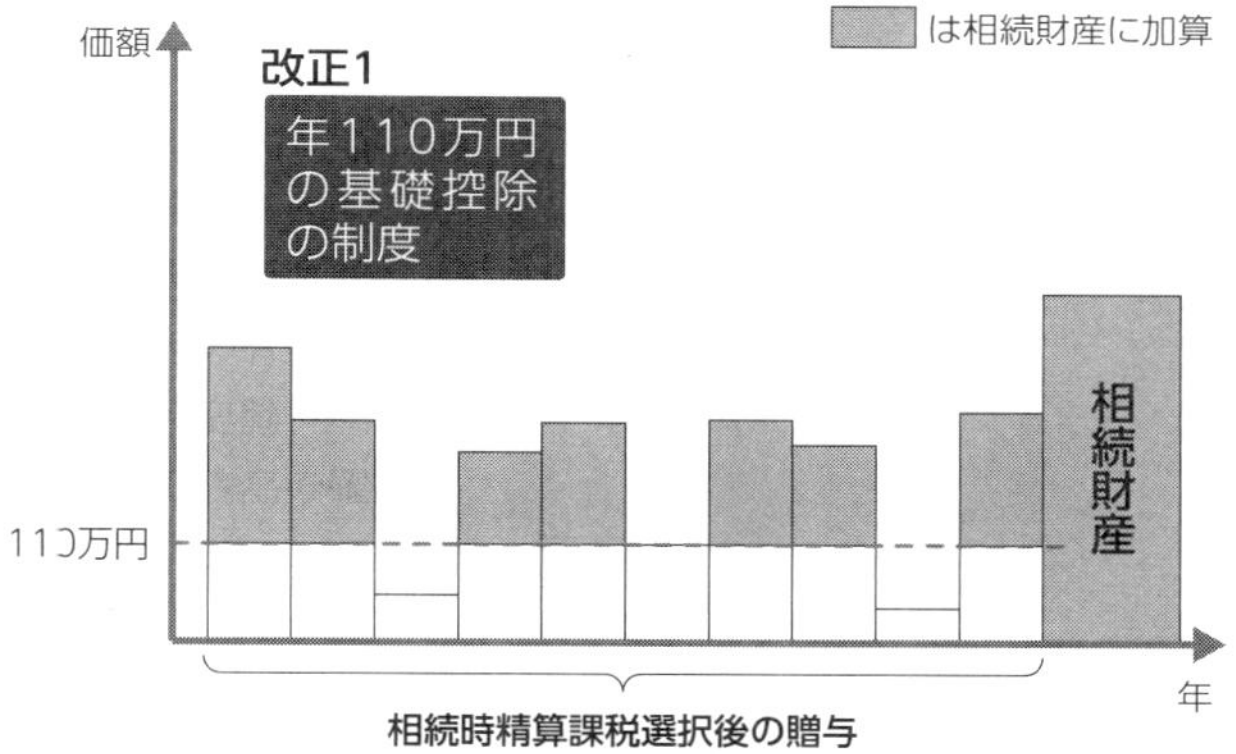

贈与税

相続時精算課税を選択した受贈者は、特定贈与者ごとに、1年間に贈与により取得した財産の価額の合計額から、基礎控除額(110万円)を控除し、特別控除(最高2.500万円)の適用がある場合はその金額を控除した残額に、20%の税率を乗じて、贈与税額を算出する。

というのも、贈与後は、相続人の所有になるため、その賃貸住宅で発生する家賃収入も相続人の財産となり、その分、被相続人の財産の増加を防ぐことができるからです。そのため、被相続人にとっては節税対策になりますし、相続人にとっては、その家賃収入を貯めていくことで、いざ相続が開始し、相続税が課税された際の納税資金にまわすことができます。

なお、この賃貸住宅の贈与の場合に注意したいのが、賃借人から預かっている敷金の扱いです。

賃貸住宅を贈与した場合、受贈者には「賃借人への敷金返還債務」も引き継ぐことになっています。こうした何らかの「負担」を負っている贈与を「**負担付贈与**」といいます。不動産の贈与で、この負担付贈与となっている場合、その評価は「時価」となります（通常の贈与では「相続税評価額」＝時価の40％〜50％）です。

そして、国税庁の見解では、贈与時に賃借人から預かっている敷金も現金で贈与しないと、この贈与が負担付贈与となってしまいます。

時価と相続税評価額とではその価格は大きく変わってきますから、預かっている敷金も忘れずに贈与するようにしましょう。

なお2024（令和6）年の税制改正により、110万円の基礎控除が新設されました。

相続時精算課税制度を選択した場合、まず110万円の基礎控除を適用し、その後2500万円の特別控除を適用することになります。そして新設された110万円の基礎控除分については、暦年贈与とは違い、相続時に持ち戻さなくてよいことになっています。

つまり、コツコツと110万円を贈与する方にとっては、暦年贈与より有利と言えます。

【2】形を変えて贈与する

ここからは「形を変えて贈与する」についてみていきます。

たとえば、現金1億円がありました。これを単純に贈与すると4800万円くらいの贈与税が課税されます（特別贈与の場合）。

つまり、半分近くを税金で持っていかれてしまうのです。これでは効率のいい財産移転とはいえませんよね。こういう場合に、**現金のままではなく、「形」を変えて贈与できないか**を検討してみることです。そうすることで、贈与税をグッと減らせることがあります。

たとえば、以前、当社がお手伝いしたケースで、**現金を自社株にすることで、贈与税がゼロ円**になった事例があります。どのような手法だったか、ここで簡単にご紹介しましょう。

このケースでは、まず現金1億円を出資して会社を設立し、現金を非上場の自社株に変換しました。そして、金融機関から2億円を借入れ、資本金1億円と合わせて3億円の収益物件を購入。

収益物件の場合、取得後3年を経過すると、株価を計算するときの土地・建物の評価額が相続税評価額（時価の40～30％）になります。この場合だと、3億円で購入したものが、3年後には9000万～1億2000万円くらいの評価額に

図表5－4　譲渡代金（現金：3億円）を贈与税『ゼロ』で次世代へ贈与する（資産の移転）

【資産移転のZBT流スキーム】

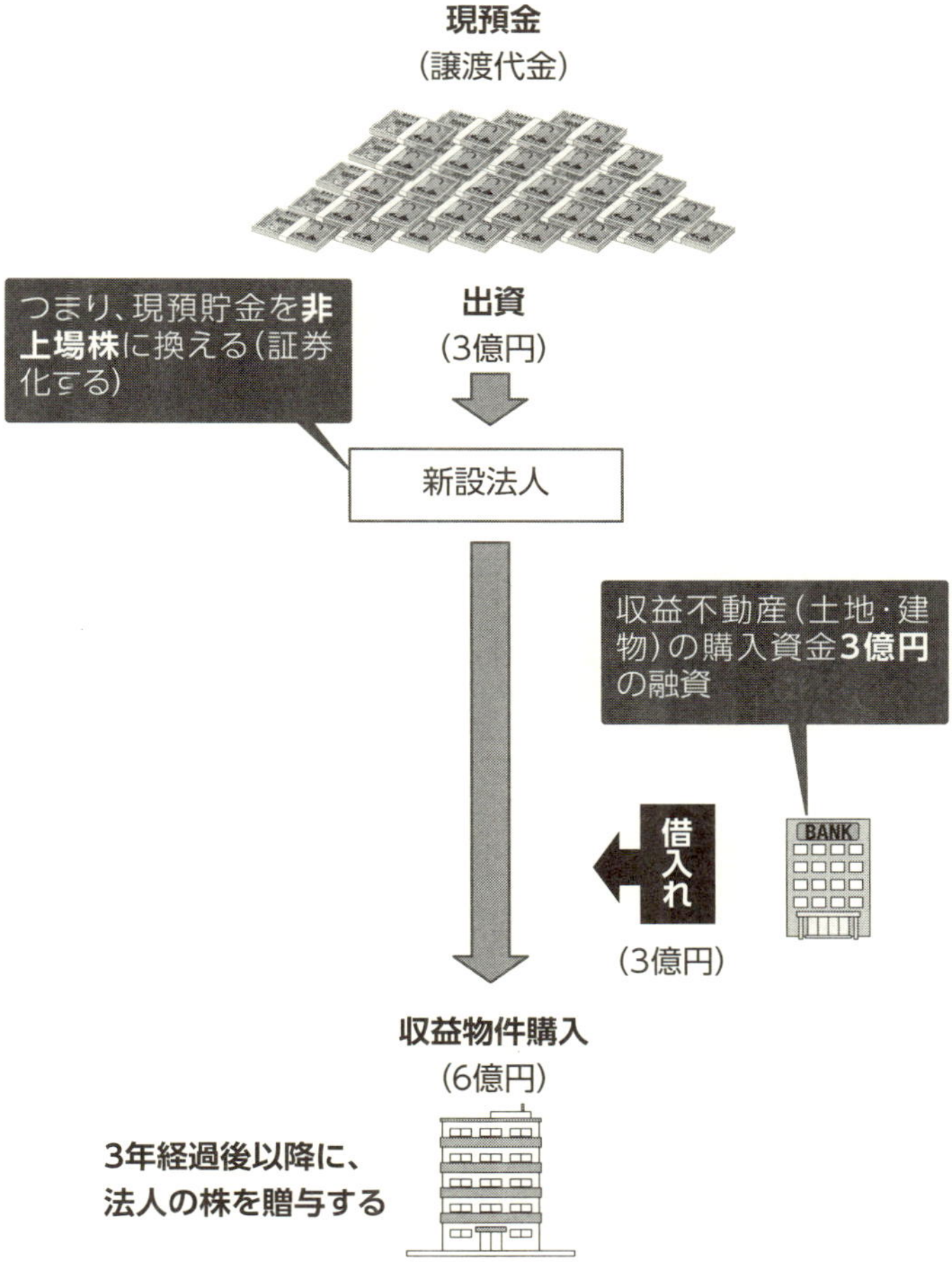

なるわけです。それにプラスして、その時点においても、借入れ等の負債額が資産額の合計よりも多い状態にしておけば、債務超過で株価がゼロになります。

このケースでは、その3年経過後に自社株がゼロになった時点で、自社株を相続人に贈与しました。その結果、贈与税ゼロで財産を移転できたわけです。

創業後、知らない間に株価が上がっていて、「このままでは相続の際に大変なことになる」ということで、**「不動産を活用して株価を下げる」**という方法は、昔から使われていました。これは、その方法を財産移転の対策として活用したものです。「3年」という時間を必要としますが、時間をかけてじっくり取り組めば1億円を贈与税ゼロで次世代に移転できるわけです。

ただし、この場合、株価が低くなるような収益物件を見つける「目」だったり、株式に対するある程度の専門知識がやはり必要です。財産コンサルタントなど専門家と相談しながら進めていくのが、成功の鍵だといえます。

【ポイント④】相続税の特例の活用

● 要件を満たせば、相続税の大幅減も可能

相続税の制度にはいくつかの「特例」が用意されています。それらを活用することで、相続税が大幅に減額となることも少なくありませんから、「そんな特例があるのを知らなかった！」では非常にもったいない。

ここでは、ぜひとも活用した特例について見ていきます。

【1】小規模宅地等の特例

まずは「**小規模宅地等の特例**」です。

これは、「自宅の土地」「個人・法人の事業用の土地」「アパートや駐車場など貸付事業用の土地」について、一定の面積につき相続税の評価額を減額できる制度です。もともとは、被相続人が亡くなった後も、相続人等が住み続ける「自宅」にまで相続税をかけるのはあまりにも酷だ……ということで設けられた制度

図表5－4　小規模宅地等の特例

<table>
<tr><th colspan="3">相続開始の直前における宅地等の利用区分</th><th colspan="2">要件</th><th>限度面積</th><th>減額される割合</th></tr>
<tr><td rowspan="5">被相続人等の事業の用に供されていた宅地等</td><td colspan="2">貸付事業用の宅地等</td><td>①</td><td>特定事業用宅地等に該当する宅地等</td><td>400㎡</td><td>80%</td></tr>
<tr><td rowspan="4">貸付事業以外の事業用の宅地等</td><td rowspan="2">一定の法人に貸し付けられ、その法人の事業（貸付事業を除く。）用の宅地等</td><td>②</td><td>特定同族会社事業用宅地等に該当する宅地等</td><td>400㎡</td><td>80%</td></tr>
<tr><td>③</td><td>貸付事業用宅地等に該当する宅地等</td><td>200㎡</td><td>50%</td></tr>
<tr><td>一定の法人に貸し付けられ、その法人の貸付事業用の宅地等</td><td>④</td><td>貸付事業用宅地等に該当する宅地等</td><td>200㎡</td><td>50%</td></tr>
<tr><td>被相続人等の貸付事業用の宅地等</td><td>⑤</td><td>貸付事業用宅地等に該当する宅地等</td><td>200㎡</td><td>50%</td></tr>
<tr><td colspan="3">被相続人等の居住の用に供されていた宅地等</td><td>⑥</td><td>特定居住用宅地等に該当する宅地等</td><td>330㎡</td><td>80%</td></tr>
</table>

です。

具体的に、

・自宅の土地の場合：330㎡までが80%の減額
・個人・法人の事業用の土地の場合：400㎡までが80%の減額
・アパートや駐車場など貸付事業用の土地の場合：200㎡までが50%の減額
※それぞれの上限面積を超えた分については通常どおりの評価額となります。

たとえば、評価額1億円の330㎡までの自宅の土地であれば、80%減額で2000万円の評価額になるわけです。

ただし、こうした宅地ならすべてに適用されるわけではありません。たとえば、自宅の土地の場合、次の2つの条件を満たしている必要があります。

①相続開始の直前において被相続人または被相続人と生計を一にしていた被相続人の親族が自宅として住んでいた宅地等

②その宅地等を相続または遺贈により取得したのが、次のどれかに該当する親族

・配偶者

・同居親族

↓相続開始直前から相続税申告期限まで居住し、かつその宅地等を所有していること

・別居親族（＝家なき子）

↓相続開始前3年以内に、自分または自分の配偶者等の持ち家に居住したことがない、…など6つの要件のすべてを満たしていること

たとえば、子どもたちが独立した後、夫婦2人で住んでいた自宅の場合、夫が先に亡くなり、妻がその後も住み続ける場合は、この特例の適用となります。一

方、妻が亡くなった後、親と同居しておらず、かつ持ち家のある子どもが、親が住んでいた家を相続した場合、この特例は適用されません。

●自宅と事業用宅地は特例の併用ができるが……

先ほど、小規模宅地等の特例が適用される宅地等として、「自宅の土地」、「個人・法人の事業用の土地」、「アパートや駐車場など貸付事業用の土地」の3つを挙げました。実はこれらは併用して使うことができます。ただし、すべてが完全に併用できるわけではありません。貸付事業用の土地を「含む・含まない」で併用の計算式が異なってくるのです。

まず「含まない」場合です（たとえば、自宅の土地と事業用の土地の併用、など）。この場合、完全併用でき、両者を合算して最大730㎡まで特例が併用でき、減額割合は80％です。

一方、貸付事業用の土地を「含む」場合は、完全併用できません。この場合は、上限面積について、次の計算式が適用されます。

自宅の土地の面積×（200／330）＋個人・法人の事業用の土地の面積×（200／400）＋貸付事業用の土地の面積≦200㎡

この計算式に当てはめて、それぞれの土地をどういう案分にすると、もっとも節税効果の高く、かつ200㎡以内で収められるかをみていくのです。

一般的な感覚では、減額割合の高いほう、つまり減額割合が50％の土地より、80％の土地を優先したほうが節税効果は高くなりそうですよね。ところが、そうならない場合もあるのです。具体的に、相続税評価額の基準となる路線価が高い土地を貸付事業用の土地として所有している場合、そちらを優先したほうが節税効果が高くなる場合があるのです。

たとえば、郊外にある自宅（330㎡）の土地の路線価は1㎡10万円なのに対して、都市部に貸付事業用の土地（200㎡）を所有していてそちらの路線価が、1㎡200万円だったとします。

この場合、自宅で特例を使った場合の減額は、330㎡×10万円×0・8＝2640万円です。

一方、貸付事業用の土地についての減額は200㎡×200万円×0・5＝2億円。都心部にある貸付事業用の土地で丸々特例を使ったほうがはるかに節税効果が高いのです。

仮にこの都心部にある貸付事業用の土地が100㎡しかなかった場合でも、1億円の減額です。この場合は、都心部の土地を丸々優先的に特例に適用し（100㎡・50％減額）、残りの併用可能な分について、自宅の土地を適用させていったほうが節税的にはお得になります。

（この場合だと、自宅330㎡のうち約165㎡について特例を適用➡165㎡×（200／330）＋100㎡＝200㎡≦200㎡）

なお、このあたりをどう案分していくかは、不動産に関する専門知識が必要となってくるので、専門家に相談するのが得策だと思います。

【2】納税猶予の特例

納税猶予制度というものがあります。これは、相続税の納税によって事業が立ちいかなくなるのを防ぐために設けられた制度で、現在、次の2つの相続において、一定の要件を満たせば納税が猶予されることになっています。

①農地（生産緑地）
②自社株

①農地（生産緑地）の納税猶予

農地（生産緑地）の場合、この特例が適用されると、相続税の算出の際、通常の路線価とは異なる農地（生産緑地）用の基準が適用になります（路線価に比べてはるかに安い価格が設定されています。東京の畑（生産緑地）の場合、㎡あたり840円です)。そして、通常の路線価で算出された相続税額と、農地(生産緑地)用の基準で算出された相続税額の差額分の納税について猶予される、というのがこの制度です。

地価が高くなりがちな都市部において農業を営む都市農家にとっては、大幅節税つながるメリットの大きな特例ですが、その分、適用の条件はかなり厳しいです。

まず、農業を継いだ相続人は死ぬまで農業を営むことが前提です。途中でやめてしまった場合には、利息を付けて猶予してもらった相続税を支払わなければなりません。辞めてしまう場合には、本人の意思以外に、「病気で農業が続けられない」ということも起こり得ます。そんな場合でも、子どもなどが引継ぎ、農業を続ける必要があります。そのため、この先、何代も「農家」を続ける家にだけ適用されるという意味合いの強い制度といえます。

ただ、これではあまりに厳しすぎるということもあり、ここ数年、農地を人に貸した場合も納税猶予は継続されるという形に変わってきています。たとえば、

２０１８年の税制改正からは、都市農地について、農業者向けだけでなく、市民農園向けに貸した場合でも、納税猶予は継続されることになっています。その意味で、以前よりはだいぶ使い勝手のよい制度になってきている印象です。

なお、三大都市圏の特定市にある農地で、この特例の適用を受けるには生産緑地（都市部において緑地を保全するために指定を受けた農地のこと）の指定を受ける必要があるのですが、この場合、固定資産税もかなり減額されるというメリットもあります。

ただ、指定を受けると、原則、指定後30年間は解除できません（つまり農業を継続しなければならない）。生産緑地の場合、建物等の建築等についてもさまざまな制限があります。そうした厳しい条件があるからこその、税制面での優遇なのでしょう。

②自社株の納税猶予

自社株の相続税についての納税猶予については、数年前に旧ジャニーズ事務所の代表者が創業者から事業（自社株）を引継ぐ際にこの制度を活用していたことが話題になったので、ご存知の方も多いかもしれません。

これは２００９（平成21）年の税制改革で創設された比較的新しい制度です。先代経営者が亡くなって、親族が後継者の場合、自社株もその後継者が引き継ぎ（＝相続する）、相続財産に含められ、相続税の対象となります。会社によってはいつの間にか株価が上がっていて、その結果、相続税も高額になり、その納税資金のために、会社の経営が立ちいかなくなる……というケースが結構ありました。

これはマズいということで、中小企業の事業承継を支援し、優良な中小企業をこうした事態から守るという目的で創設されたのが、この制度です（正式には**事業承継税制**）。

この制度では、一定の条件を満たせば、後継者が取得した自社株の80％分の相続税の納税が猶予されます（２０１８（平成30）年の税制改正で設けられた期間限定（２０２７（令和９）年12月31日まで）の特例措置では、自社株の１００％について納税猶予が受けられますが、２０２６（令和８）年３月31日までに「特例承継計画」の提出が必要になります）。

ちなみに、適用に必要な「一定の条件」には、「上場会社でないこと」「後継者は最低5年間は代表者であり続け、かつ株式等の保有を継続していること」「従業員の継続雇用が8割以上であること」などがあります。

この自社株の納税猶予は、経営者が生きているうちに、後継者に株式を贈与した場合の贈与税についても設けられており、その内容は相続税の場合とおおむね共通しています。

詳細については、税理士等にお問い合わせください。

【3】地積規模の大きな宅地の評価

広い土地を相続する場合に利用したいのが「**地積規模の大きな宅地の評価**」という制度です。以前は、「広大地の評価」という評価方法が使われていましたが、2018（平成30）年1月1日からはこちらの評価方法に変更になりました。

地積規模の大きな宅地とは、三大都市圏においては面積が500㎡以上、それ以外では1000㎡以上で、大規模な工場やマンションの建設には適しておらず、中低層の店舗や事務所、住宅などが混在している地域にある土地です。

「地籍規模の大きな宅地」に該当し、この評価が適用された場合には、通常の路線価を基準にした評価額より約6～8割の評価額になります。

広い土地の場合に評価額がこれだけ減額される理由は、それだけ広い土地を個人が購入するケースは稀で、不動産業者などの法人が購入し、開発した複数の宅地に建物を建てて販売する……となることが想定されているからです。そして、法人等が開発する場合、すべてが住宅地となるわけではなく、道路や公園などの公共施設や、公益施設なども生じます。そうした公共・公益施設分を差し引いた分として評価額が減額されるわけです。

広大地の評価が使われていた時代は、この制度に詳しい税理士とそうでない税理士との差が大きく出てしまう……ということがしばしば起こっていました。詳しい税理士の場合は、いろいろなテクニックを駆使して減額割合をできるだけ大きくするよう取り計らう一方、そうでない税理士の場合、適用されることにも気

図表5−5　地籍規模の大きな宅地の評価

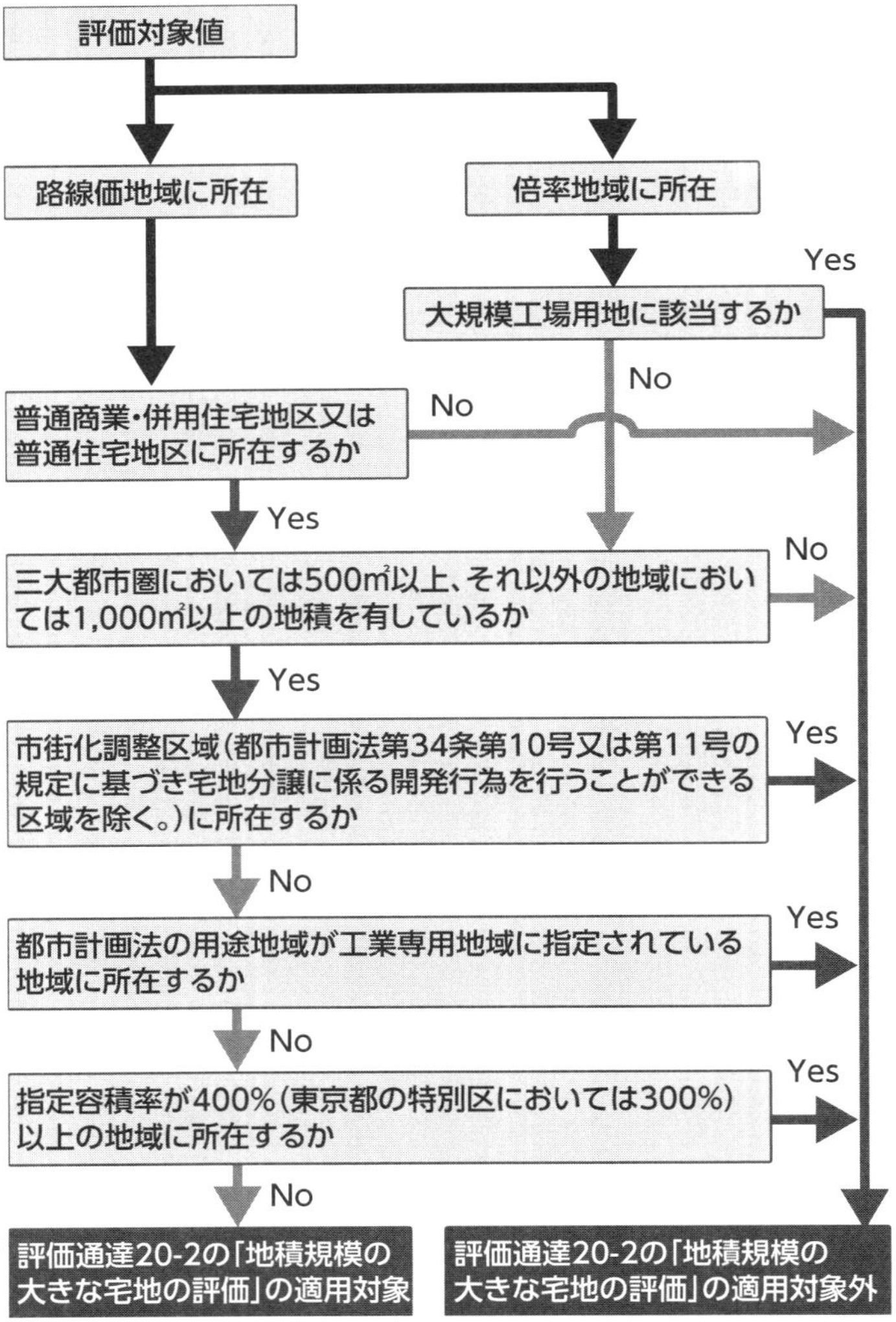

づかず……ということが多々ありました。

一方、「地積規模の大きな宅地の評価」になってからは、図表5－5（202ページ）にあるようなフローチャートがつくられ、そこに当てはめていくと適用対象かどうかの判定が簡単にでき、かつ誰がやっても同じ数字になるようになっています。

【4】配偶者居住権

配偶者居住権とは、夫婦の一方が亡くなった場合に、遺された配偶者が、亡くなった人が所有していた自宅に引き続き住み続けられる権利のことです。新しい制度で、２０２０（令和２）年4月1日以降に発生した相続から適用されています。

この制度が創設された背景には、遺産相続によって住む家を失ってしまう配偶者が存在したことが挙げられます。

たとえば、夫婦と子ども2人の家族がいたとします。父親が亡くなり、相続が開始しました。父親の相続財産は持ち家と預金で、それぞれの評価額は、持ち家が4000万円（土地：3000万円、建物：1000万円）、預金が500万円です（計：4500万円）。これを遺された妻と子ども2人で遺産分割することになりました（基礎控除が4800万円ですので相続税はかかりません）。

母親（＝被相続人の妻）はその家に住み続けているわけですから、理想は、母親の老後資金のことも考え、子どもたちは相続放棄してすべて母親が相続する形にする、でしょう。そこで落ち着く家族も多いと思います。ところが中には、「自分には法定相続分を受け取る権利がある」と主張する子どもも昨今は増えてきています。

このケースで子どもたちが法定相続分（それぞれ1125万円）を要求すると、預金は500万円しかないわけですから、家を売却して現金にせざるを得ません。この場合の子どもたちの言い分は「お母さんは法定相続分の2250万円を相続できるのだから、それで新しい家を買えばいいじゃない」なのかもしれません。

しかし、母親はこれから何年生きるかわからず、新しく家を買い直して、その残ったお金を老後資金にする…では心もとないですね。

こうした配偶者の窮地をなんとかすべく、この配偶者居住権というものが創設されたわけです。

●二次相続において大きな節税効果が期待できる

配偶者居住権の大きなポイントは、**居住権と所有権とに分けられること**です。それにより、配偶者の居住権を守るだけでなく、相続での節税効果も期待できます。具体的には**二次相続での節税効果**です。

事例を使って解説していきましょう。先ほどと同様、夫婦と子ども2人の家族とします。

父が亡くなり、その相続財産は、持ち家（建物評価額：2000万円、土地評価額：3000万円）と預金5000万円で、相続財産合計は1億円でした。これを法定相続分で分割すると、母の相続分は5000万円となります。

配偶者が住み慣れた持ち家で済み続けることを選択した場合、自宅の土地・建物を相続することになり、その時点で法定相続分に達し、現金が相続できません。これでは老後の生活が心配なので、配偶者居住権を活用することにしました。

その場合、所有権と居住権（と敷地利用権）を分けることができますので、長男は土地と家の所有権を、母は建物の居住権と土地の敷地利用権を相続する形にしました。その結果、それぞれの相続分は、母が配偶者居住権1000万円・敷地利用権1500万円・預金2500万円、長男が制限付き建物所有権1000万円・制限付き土地所有権1500万円（合計：2500万円）、長女が預金の2500万円となりました（207ページ図表5－6参照）。この時点ではとくに大きな節税効果はありません。

その後、母が亡くなり、その相続財産を子どもたちが相続することになりました。二次相続です。配偶者居住権の節税効果が出るのはこのときです。

母が死亡するとその居住権と敷地利用権は消滅するため、相続税の対象にならないのです。つまり、これらの権利は母の相続財産に含まれていない、ということです。そして、長男は何ら税金の課税なしで、土地と家の完全所有権を取得す

図表5−6 配偶者居住権を活用した二次相続での節税効果

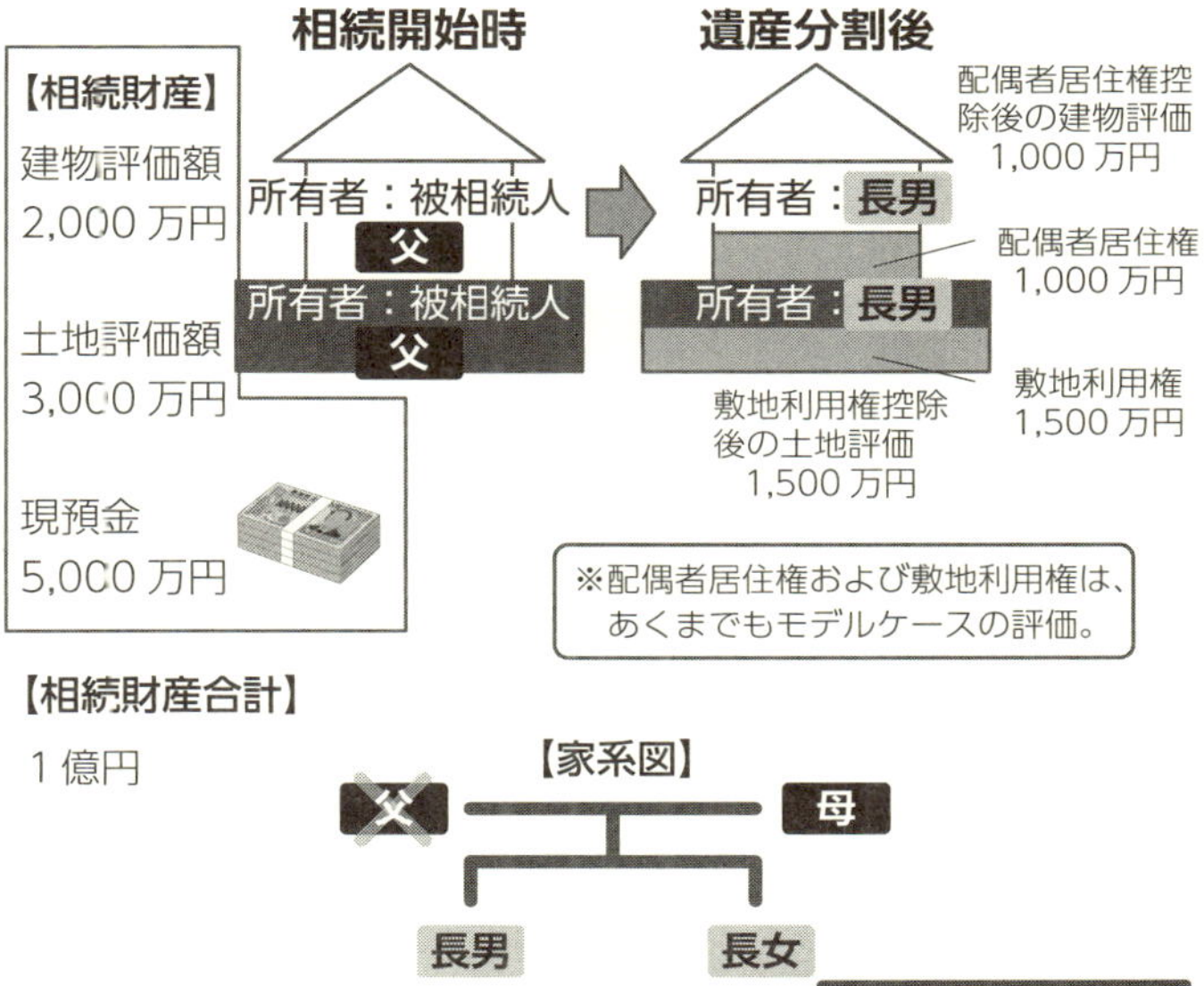

家に住めるが、お金が無く生活に困る

【法定相続分で相続】

母	2分の1	自宅の土地、建物：5,000 万円
長男	4分の1	現金：2,500 万円
長女	4分の1	現金：2,500 万円

【配偶者居住権を活用】

母	2分の1	配偶者居住権（1,000 万円）＋敷地利用権（1,500 万円）＋現金：2,500 万円
長男	4分の1	制限付き建物所有権（1,000 万円）＋制限付き土地所有権（1,500 万円）
長女	4分の1	現金：2,500 万円

ることができる、というわけです（土地と家についての相続税はすでに一次相続で納税済です）。

しかも、一次相続で長男が相続した土地と家の評価額は、母の居住権と敷地利用権を差し引いた額になります。つまり、一次相続で配偶者居住権を使わずに妻が土地と家を相続し、二次相続でそれを長男が相続した場合より、その差額分、相続財産が少なくなるので、相続税も減額するわけです。この点でも、節税効果が期待できます。

ちなみに、配偶者居住権は、次の３つの要件を満たせば取得できます。

①遺された配偶者が、被相続人の法律上の配偶者であること
②相続開始時に被相続人の所有する建物に住んでいたこと
③遺言や遺産分割等で配偶者居住権を取得していること

【5】生命保険の非課税枠

生命保険は、相続対策において、分割対策、納税対策、節税対策のいずれにおいても、大きな効果を発揮してくれますので、ぜひ活用していきたいところです。

まず節税効果ですが、生命保険の死亡保険金には、「遺族の生活を保障する」という目的で**一定の非課税枠が設けられています。**具体的には、**「500万円×法定相続人の数」の金額が非課税**になります。つまり、法定相続人が3人いれば、500万円×3人で1500万円が非課税となり、それと同額の死亡保険金を受け取った場合、全額非課税になるわけです。

たとえば、現金2000万円を相続し、相続税の実効税率が20％だった場合、その相続財産に対して400万円の相続税が課税されます。一方、被相続人が死亡保険金2000万円の生命保険を契約し、法定相続人が3人の場合、1500万円が非課税になるため、相続税の対象となるのは500万円となり、相続税は100万円。相続財産を現金から保険に変えることで300万円が節税できるわけです。

こうした節税効果を狙った保険として、「**一時払い終身保険**」があります。これは円建ての場合、受け取る死亡保険金をほぼ同額の保険料を一括で払い込むタイプの保険で、まさに「現金を保険に変える」に特化した、相続対策の保険商品といえます。手っ取り早く相続対策ができ、かつリタイア後も(90歳まで契約できる商品もあります)ということで、現在、シニア層にかなり人気の保険商品となっているようです。

生命保険の分割対策での効果ですが、生命保険の場合、受取人と、各受取人が受け取る額を指定できることです。つまり、「**お金に名前をつけること**」ができるわけです。そのため、遺産分割協議等で分割する必要がありません。というより、そもそも死亡保険金は被相続人の相続財産ではないので、遺産分割協議の対象にもなりません。

遺産分割協議でもめそうだな……という場合には、それを事前に回避する意味で、現金を保険に変えておくのはオススメな分割対策です。

最後に納税対策での効果ですが、死亡保険金は現金で支払われるため、受取人は相続税が課税された場合の納税資金としても活用できることです。

なお、生命保険は、法人で活用すると、個人で活用するよりもさらに節税効果がアップします。それについては、資産管理法人の箇所で解説していますので（168ページ）、そちらをご参照ください。

【ポイント⑤】時価と相続評価の「乖離」の活用

●「田舎の土地を売却・都市部の収益不動産を購入」も1つの手

相続においてはまず被相続人の持つ相続財産の金額を算出していきますが、その際、財産の種類によって、そのものの価値と相続評価がイコールのものと、乖離しているものとがあります。

イコールの代表格は現金です。現金100万円は、相続評価でも100万円です。

一方、**乖離の代表格は不動産**です。不動産の場合、都心の土地であれば相続評価は時価のだいたい4割から5割程度になり（相続税路線価で評価）、そこにアパートを建てたりして貸家建付け地として活用すれば、さらに2割程度評価を下げられるといわれています。

また、建物の評価は、時価の約60％ぐらいです（固定資産税評価）。それを賃貸物件として活用すれば自宅の場合よりもさらに3割の評価減となります。

さらに、土地の購入や建物の建設において金融機関から借入れをすれば、その分、マイナスの財産が増え、相続財産を減らすことができます（ただし、借入れの節税対策は返済とともに減じますが……）。

こうした不動産の節税効果を活用したのが、本書でも繰り返し述べてきた「借入れをして、賃貸住宅を建設する」です。本書ではその注意点をしつこいくらいに述べてきましたが、収益アップを十分に図りながら賃貸経営に取り組む場合には、非常に有効な節税&納税対策になります。決してハウスメーカーの担当者のセールストークを鵜呑みにせず、ご自分の頭で考えながら取り組むことが重要です。

また、賃貸経営で相続対策を行っていく場合に、この**時価と相続評価の乖離をとことん活用**するならば、ご自分のお持ちの土地にこだわらないことも、1つの有効な方法です。

というのも、地価の高い都心部の物件のほうが、時価と路線価（相続評価の基準になるもの）の乖離が大きく、相続評価を大幅に減額できるからです。さらに、こうした地域のほうが利便性も高く、入居率も高くなる可能性があります。収益面も期待できます。また、先述の小規模宅地等の特例でも、都心部に貸付事業用の宅地を所有している場合、その宅地を優先的に適用したほうが、節税効果が高くなるケースもあります。

先祖代々の土地を売却して、縁もゆかりもない都市部の土地を購入するというのは、かなり大きな決断がいると思います。ただ、相続税の負担があまりに大きい場合などは、こうした方法があることも知識として知っておいて損はないのではないでしょうか。

第6章

円満相続（＝爽続）で最も大切にすべきは「感情」である

●相続でもめる原因は、財産の多寡ではなく、感情のもつれ

「相続」というものがまだ現実味を帯びていないときは、まさか自分たちの家族で「相続争い」なんてものが起こるとは予想もしていないケースが多いのではないでしょうか。とくに「ウチには争うほどの遺産もなさそうだし……」と思っていらっしゃるご家族の場合、そうした傾向が強いように思います。

ところが、第1章ですでに述べたとおり、相続での遺産分割がまとまらず家庭裁判所へ申し立てる人たちの財産額を見ると、1000万円以下が約33・6%、1000万円超5000万円以下が約42・7%です。つまり、いわゆる**「相続争い」になるケースの8割近く（約76・3%）が、実は5000万円以下の相続財産額**なのです。相続争いは、遺産が多いから生じやすい、というわけではないのです。

というか、むしろ逆のように私は感じています。長年、相続専門の財産コンサルタントをしていて感じますが、資産家で、確実に相続税が発生するご家族の場合、意外と家庭裁判所への申し立てになるほどにはもめません（その意味で、右に挙げた数字はかなり納得できます）。

そもそも相続税の申告・納税には期限があります。基本的には相続開始から10カ月以内に申告・納税を済ませる必要があります。そして、遺産分割協議がまとまらなければ、未分割のまま、法定相続分でいったん申告します。

「未分割」では、さまざまな特例が使えないことから、高い税金を納付することになります。分割が決まっていないからと、申告・納税をしないと、無申告加算税や延滞税などの余計な税金がかかります（3年以内に分割が決まれば、特例の適用が可能です）。

そのため、遺産分割で多少のぶつかりがあっても、ずっともめ続けるわけにはいかず、どこかの時点で話し合いをまとめる方向に舵を切り始めます。

また、こうしたご家族はお金に余裕があるためでしょうか、ある意味、おおらかなところがあります。そのため、遺産分割においても、相続人たちの間で申告期限も迫っているので「これぐらいで折り合いをつけよう」となっていきやすい印象です。

一方で、相続税の申告・納税が必要ないご家族の場合、「ここまでに遺産分割を終わらせなければならない」という期限がありません。そのため、一度、もめ出したら、なかなか収拾がつきづらくなってしまうのです。

そして、もめるご家族を見ていてつくづく感じるのは、相続争いの大きな要因に戦後世代（とりわけ今の65歳より下の世代）に深く浸透している「平等意識」があるのでは、ということです。その最たるものが、「相続財産は、法定相続分で平等に分ける」という考え方です。

第4章で述べたとおり、民法では、「法定相続分で平等に分けなさい」と規定されているわけではありません。**遺産は「もろもろを考慮した上で分割しなさい」と規定**しているのです（141ページ）。そして、法定相続分というのは、あくまでも「補充的」なものにすぎないというのが一般的な法解釈です。

にもかかわらず、今の日本では、相続となると、多くの相続人が「自分は法定相続分をもらえる権利がある」と思い込んでいます。その結果、ちょっとでも相続分に差がつくと、「あいつばっかり多くもらうのはおかしい」と反発が出て、遺産分割の話し合いがこじれてしまうのです。

さらに、相続の場合、「身内」の中でのやりとりだということも、もめ出すとなかなか収拾がつきにくくなる要因だと思います。とりわけ兄弟姉妹の場合、距離が近い分、他人だったら我慢して言わないようなことも相手に言ってしまい、その結果、言い争いになる……ということが起こりがちです。

さらに兄弟姉妹の場合、付き合いが長い分、相手に対するさまざまな感情があります。そうした感情のうち、ネガティブなものが、相続という場で一気に爆発するということがしばしば起こりがちです。それにより、分割協議での合意が妨げられてしまうわけです。

たとえば、私がセミナー等でよくお話しする姉妹の事例です。姉が家業を継ぐことになり、妹より多めに財産を相続するとした生前の父親の考えに対して、妹は、財産分けには同意してくれたものの、なかなか遺産分割協議書に印鑑を押してくれませんでした。当社は父親の生前からのご依頼で相続対策のお手伝いをしていた関係で、その妹さんからお話を伺うことになりました。

そして、丁寧にお話を聞くうちに、妹さんがポツリポツリとおっしゃったのが、「子どものころ、いつもお姉ちゃんのお下がりばかりだったんですが、唯一買ってもらったお気に入りのブラウスがあったんです。それをお姉ちゃんに貸したら、ずっと返してくれなかった。そのことを謝ってほしいん

です」。

第三者が聞くと、他愛もないことかもしれません。しかし、本人にとっては、子どものころからずっと引きずり、くすぶり続けてきた姉に対する納得のいかない「想い」なのです。そして、そうした積年の納得のいかない感情が、遺産分割協議を妨げる原因になることは多々あります。**相続は「感情と勘定の交差点」**なのです。

●相続対策で守るべきものは「お金」だけではない

私は、**「財産」には2つの種類**があると考えています。

1つが、**「お金に換えられるもの、換金できるもの」**です。具体的には、預貯金、不動産、有価証券。金などです。もう1つが、**「お金に換えられないもの、換金できないもの」**です。具体的には、健康、家族、思想、文化。伝統技術などです。

そして、**相続とは、この2つの財産を次世代に伝えていくものだ**というのが私の考えです。つまり、先祖から引き継いだ換金できる財産をできるだけ減らさずに次世代に引き継ぎ、かつ、家族仲のよさや、先祖代々受け継いできたその家の習慣など換金できない財産も受け継いでいく。

当社では、相続対策の件でご相談に見えたお客様に対して、こうした2つの財産両方をお守りすることに尽力しています。

ただ、平等意識の浸透や核家族などにより、「換金できない財産」を軽んじる傾向が、年々強くなってきているように感じます。若い人の間では、「換金できない財産」の存在にさえも気づいていないのではないかと思うときもあります。

たとえば、「法定相続分で平等に分配する」ということにばかり意識がいき、その資金をつくるために「実家」を売却して現金化する、ということを行うご家族は結構いらっしゃいます。

それぞれご家庭の事情もありますから、部外者が余計な口出しをすることではないのですが、「実家」を売ってしまえば、そこにかつて住んでいた人たちが「戻れる場所」というものが失われてしまいます。さらに、場合によっては、「実家の売却」によって年に数回、家族がそろう機会さえも失われてしまうこともあり得ます。

それは結果的に、その家族にとって、目には見えないけど、目に見えるもの以上に大切な「何か」も失われていくことを意味するのではないだろうか……。と私には思えてならないのです。

また、遺産分割でもめた場合、家庭裁判所において解決を目指すという選択肢もあります。その場合、まずは遺産分割調停、それで話がまとまらない場合には、さらに遺産分割審判、それでも納得がいかない場合には民事裁判という流れで進んでいきます（ただ、民事裁判にまでいくケースは稀で、だいたいが調停か審判で合意に至るケースが大半です）。

こうなった場合、身内で争うことの精神的なストレスだけでなく、お金も手間と時間もかかります。その結果、自分の要求が通り、得たい分の金銭は得られるかもしれません。しかし、争った後、何もなかったかのように家族が元の関係に戻れるケースは稀でしょう。争ったのを機に家族がバラバラになってしまうケースが大半なように思います。

お金は手に入っても、その代償として、その金銭の価値以上に大切なものを失ってしまう可能性があるのです。

長年この仕事をしている私の私見ではありますが、先ほど挙げた2つの財産について、「換金できる財産」以上に「換金できない財産」を大切にしているご家族のほうが、相続においてもめにくいと感じます。

●円満相続への第一歩は遺言書の作成

では、相続で家族がもめないためには、どうすればよいでしょうか。

その鍵となるのが、本書で繰り返し述べているように「遺産分割」です。

実際、相続で最ももめやすいのは遺産分割をどうするかの話し合いです。その話し合いにおいて、相続人同士がいい具合に折り合いをつけ、それぞれが納得する形で遺産分割ができれば、その後は意外とトントン拍子で事が進んでいきます。

そして、そのための**有効なツールの1つが、「遺言書」**です。

遺言書を作成しておくことで、「誰に、どの財産を、どのように分けるか」について、**被相続人の意思を相続人に明確に伝える**ことができます。

141～142ページの最高裁判所の判例にもあるように、遺言書による配分は、法定相続分に優先されます。常識を逸脱した理不尽な内容でない限り、相続人たちはそれに従わざるを得ません。それゆえに、遺言書が存在していることで、相続人同士の余計な争いを回避することができます。

その意味で、遺言書は、「大切な家族がこの先も円満な関係を続けてほしい」という被相続人の想いを伝える「家族へのラブレター」ともいえるのです。

遺言書には、大きく分けて次の3種類があります。

①自筆証書遺言
②秘密証書遺言
③公正証書遺言

①の**自筆証書遺言**は、文字どおり、「自分で書く遺言書」です。すべての文章を自分自身で手書きする必要があります。証人は不要です。なので、気軽に作成できますし、費用もかかりません。ただ、日付や署名などで書き間違えがあった

図表6　遺言の3つの種類

	自筆証書遺言	秘密証書遺言	公正証書遺言
作成方法	本文は本人が作成し、代筆やパソコンなどは不可※1	本人が作成するか、代筆やパソコンも可	公証人が口述筆記
費用	不要	遺産額に応じた作成手数料が別途必要	遺産額に応じた作成手数料が別途必要
証人の必要	不要	2名以上	2名以上
封印の必要	不要（封印も可）	必要	不要（封印も可）
検認の必要	必要※2	必要	不要
保管方法	・被相続人 ・法務局による保管※2	被相続人	公証役場で原本が保管され、本人が製本と謄本を保管
内容を知っている人	本人のみ	遺言があることは知られるが内容は本人のみ	本人と証人
メリット	・証人不要で費用もかからず、自分1人で気軽に作成できること	・公証人に遺言書の存在を証明してもらえる ・内容を知られることなく作成することができる ・パソコンや代筆での作成が可能	・公証人が作成し、公証役場で保管されるため、3つの遺言の中でもっとも安全で確実 ・検認が不要
デメリット	・書き間違いや内容に不備があったりすると、法的に無効になる ・保管場所が本人しかわからない場合、相続発生時に発見されないリスクがある ・本人が書いたものかどうかの証明ができない ・相続発生時に家庭裁判所での検認がある※2	・証人が2人以上必要 ・公証役場に出向くなど、手続にやや手間がかかる※3 ・自分で保管するため紛失のリスクがある ・相続発生時に家庭裁判所での検認がある	・証人（2人以上）と公証役場に出向いて作成してもらうなど、作成・手続きに手間がかかる※3 ・公証人への報酬が発生し、費用がかかる

※1　2019（平成31）年1月13日～　本文以外の部分、財産目録等はPCでの作成やコピー等でもOKとなった

※2　2020（令和2）年7月10日～　自筆証書遺言保管制度が開始された。保管料1月3,900円　検認が不要となる

※3　公証役場に行けないときは、公証人が出張してくれる（ただし、別途料金が発生）

り、内容に不備があったりなど、書き方のルールを間違えると無効になってしまいます。また、相続発生時には、家庭裁判所において、相続人立会いのもと、遺言書の内容を確認する作業（＝検認）が必要です。

なお、法改正により２０１９（平成31）年1月13日からは、本文以外の部分（財産目録等）は、ＰＣ等での作成がＯＫとなりました。さらに、２０２０（令和2）年7月10日からは、**自筆証書遺言保管制度**が開始され、この制度を利用した場合は、検認が不要となります。自筆証書遺言を作成する方は、この制度を利用するかしないかを選んで作成することになります。

同じく「自分で書く」のが②の**秘密証書遺言**です（ただし、パソコンや代筆での作成も可能。署名は自筆）。「秘密」とあるように、遺言書の内容については秘密にしたまま、その存在だけを証明してもらう遺言書です。証明してもらうためには、**証人が必要**で、その証人（2人以上）と公証役場に出向き、**公証人の立会いのもと**、署名・捺印をすることになります。

③の**公正証書遺言**ですが、これは**公証人が作成する遺言書**です。遺言したい内

容を公証人に伝え、書面にしてもらいます。公証人という法律の専門家が作成するため無効になることがなく、また原本は公証役場で保管してもらえるので紛失や偽造の心配もありません（正本と謄本は本人が保管）。さらに、相続発生時の家庭裁判所での検認も不要です。

ただし、公証人への報酬が発生し（遺言する財産の金額によって異なるが、一般的に10万〜30万円程度）、自筆証書遺言や秘密証書遺言と違って、費用が発生するのがデメリットといえます。

どの遺言にもメリット・デメリットがあります。ご自分の状況に合わせて最適な遺言を選ぶといいと思います。

なお、これら3つの遺言のルールについては、図表6（227ページ）にまとめましたので、それも参照してください。

●最低でも年に1回は家族で顔を合わせる

遺産分割でももめないために「遺言書」は必須だと私は考えていますが、それにプラスして、意識したいのが、普段から**家族間のコミュニケーションをよくとっておく**、ということです。これは実はかなり重要です。

相続専門の財産コンサルタントとして長年、さまざまなご家族を見てきましたが、相続でももめないご家族の傾向として、**「年に数回（たとえばお盆や年末年始など）、顔を合わせる習慣がある」**ということが挙げられます。一方で、相続でももめやすいのは、この逆のことが習慣化されてしまっているご家族です。つまり、家族で顔を合わせる習慣がないご家族です。この場合で、お互いに「あいつはこ〜何十年も会っていない」状態になっていたりすると、いざ相続が始まったときにもめやすくなるのです。

そのため、当社に相続対策のご相談にいらしたお客様には、「最低でも年に1

回以上はご家族で顔を合わせるようにしてください。それを実践することが、最終的には大きな相続対策になります」とお伝えしています。

実際、お盆や年末年始など、年に1、2回でも、家族が会う機会があれば、お互いの状況がわかります。

「和子ちゃんのとこ、今、息子の太郎くんの大学進学で、お金がかかって大変なんだ」とか、「お兄さんの会社、今かなり順調みたい」とか、「お義姉さん、うちの両親の介護をよくやってくれていて、本当にありがたい」……など。

そんな具合にお互いの状況がわかっていると、いざ相続が始まったときに、遺産分割の話し合いが意外とスムーズにまとまりやすくなります。

逆に、めったに顔を合わせないと、お互いの状況がわかりません。しかも、会わない時間が長くなればなるほど、心の距離もどんどん広がっていきます。そんな状態の中で、相続が始まってしまうと、相手の事情などわからない分、お互いへの配慮などまったく考えず、自分の要望ばかり通そうとしてしまう……、となりがちなのです。

ここで、1つ事例をご紹介しましょう。

農業を営むご一家で、お父様が亡くなり、相続が始まりました。遺言書はなかったものの、家業を継ぐご長男が多くの農地を相続し、他の相続人（妹3人）には、法定相続分よりは低いものの、それなりの金額（約1000万円）を相続する……という形でまとまりそうでした。

ところが、妹さんの1人が、「私たちには、法定相続分の4000万円をもらえる権利があるはずだ」と主張し始めたのです。しかも、この妹さんは、自分一人だけが強く要求すれば悪者になってしまうと思ったのか、他の姉妹たちに「あなたたちも、法定相続分をもらう権利があるのよ」と言って巻き込んでいきました。その結果、姉妹全員でご長男に対して、法定相続分の金額を分割するように要求してきたのです。

ご長男としては、この展開は寝耳に水。家業も本家も自分がこれから維持していかねばならず、それにはそれなりのお金が必要です。そのためにも、今の、ほぼまとまりかけた遺産分割での配分でした。ところが、それに対して妹たちが

「ノー！」と異論を唱え、徒党を組んで「もっとよこせ」と言ってきたのです。

ご長男としては家業と実家の維持のために断固拒否したいところですが、妹たちが遺産分割協議書に押印してくれないと相続の手続は終わらせられません。そのため、仕方なく妹たちの要求を飲み、妹たちそれぞれに要求された金額4000万円を渡すことにしました。それによりなんとか相続を終結。

しかし、妹たちへの配分のために、農地を売却して現金化する必要があり、農地は減り、事業も縮小することになりました。しかも、遺産分割での自分の取り分も減ってしまい、先々に不安の残る相続となってしまいました。

この事例では、ご長男は妹さんたちの要求を飲むことで、結局、財産が想定以上に目減りしてしまいました。しかし、事前に対策を取っておけば、たぶんこうした結果にならなかったのではないかと私は考えています。つまり、財産の目減りを最低限に抑えて、円満に相続を終わらせることができたはずなのです。

そして、この事例での「敗因」の一つとして、**ごきょうだいとマメにコミュニケーションをとってこなかったこと**も大きかったといえます。

実はこの妹さんが法定相続分を要求したのには、ある事情がありました。それは彼女のご主人が事業に失敗してしまい、どうしてもある程度のまとまったお金が必要だったのです。ところが、こちらのご家族ではご長男と妹さんたちが頻繁に顔を合わせているわけではありませんでした。とくにこの妹さんの場合、結婚後、あまり実家に顔を出すこともなく、親御さんやご長男一家とは疎遠になっていました。

そのため、この妹さんの家庭がそのような状況になっていることを、ご両親もご長男も知りませんでした。もし、

妹さん夫婦の状況がわかっていたら、父の生前に少し援助するなど、それなりの配慮をされていたと思います（そういう思いやりをお持ちの方ですので）。また、他の相続人に想定より多く渡す必要があると前もってわかっていれば、早期にそのための資金づくりに取り組むことでき、相続による財産の目減りを極力抑えることができたはずです。

このように、家族がマメに顔を合わせることは、相続において、「家族間に禍根を残すことなく、かつ財産をできるだけ減らすことなく次世代へ引き継ぐ」を実現するために、非常に重要なのです。

●「家族会議」のススメ

お盆や年末年始に家族で顔を合わせた際にぜひ行ってほしいのが、「相続」についての話し合いです。

そうした場で、わが家には、「どのような財産を、どこに、どれくらい持っているのか」を全員で共有し、さらにそれをどう分けていくのがいいのかを話し合っておくのです。そうした話し合いを通して、被相続人の意向を伝えたり、相続人の希望を聞いたりしながら、相続に絡むメンバー間の考えを調整していきます。

とはいえ、子どもの側からいきなり「わが家の相続について、一度、話し合っておいたほうがいいと思う」とはなかなか言い出しづらい……というのが多くの方のご意見だと思います。久々の家族水入らずの時間に「お金」の話をするのは無粋という感覚は、少なからずの日本人がいまだ持ち得ているのではないでしょうか。また、家族のことを思っての提案が、親に「この子は、私たちが早く死ねばいいと思っているのか……」と誤解されるのも心苦しいところです。

そのため、こうした場で「相続の話をしましょう」と切り出すのは、「親」からがベストだと思います。

もし、この本をお読みのあなたが「子ども」の立場ならば、親御さんに関心を持ってもらえるようこちらからいろいろ働きかけてみるといいと思います。

方法はいろいろあります。たとえば……

・「相続って早めの準備が大事みたいだよ。最近は、財産セミナーというのがあるようなので、一緒に参加してみたい」と誘ってみる
・相続をテーマにした新聞や雑誌等の記事、書籍などを、「これ、参考になったよ」と渡してみる　…など

みなさんの親御さんが興味を持ってくれそうな方法を見つけて、ぜひ実践して

みてください。

そして、家族で相続について話し合う際に意識していただきたいのが、第4章でも述べた「透明性の確保」です（128ページなど）。「どのような財産を、どこに、どれくらい持っているのか」という財産の全貌をオープンにするだけでなく、子どもや孫などに「贈与した財産」もなるべくオープンにしておいたほうがいいと思います。なぜなら、こうした「生前贈与」について、そこに関係する人以外の相続人に説明していないと、遺産分割の際のもめ事の原因になることが意外と多いからです。

もちろん、オープンにすることで贈与を受けた人のメンツをつぶしてしまい、家族の中で肩身の狭い思いをさせてしまう場合もあります。さすがにそういう場合は、贈与者・受贈者の間で秘密にしておいたほうがいいと思います。この後に述べますが、そうした「思いやり」は相続を円満に進めるために必要不可欠です。一方で、事情が許す限りは、相続時の争い勃発を防ぐためにも、生前贈与についても被相続人・相続人の間でできるだけ共有しておくといいでしょう。

●お互いへのちょっとした気遣いがスムーズな相続につながる

この章で相続を円満に進めるための方法をいくつか述べてきましたが、結局のところ、もっとも大事なのは、**相手に対する「思いやり」**なのではないかと私は考えています。

たとえば、遠方で暮らしている家族が、遺産分割協議のために実家に帰ってきたときには、「悪いね。遠いところをありがとうね」といった言葉がけや、「これ少ないけど、交通費の足しにして」といった気遣いを示す。

また、相続関連の手続を進めてくれているきょうだいに対して、「いろいろやってくれてありがとうね」とねぎらいの言葉を伝えたり、手伝えない場合には、お礼の品を贈るなどする。

こんな具合にお互いを思いやる心があると、もめ事は起こりにくくなります。

とりわけ家族というのは、身内同士の気楽さもあって、他人に対するよりも、お互いに言いたいことを言いやすい関係だったりします。

その気兼ねのなさは家族間でのコミュニケーションのよさでもあるのですが、ときに「言いすぎ」になってしまい、それが争いに発展してしまうこともあります。さらに、家族（とくに、きょうだい）の場合、子どものころからのお互いに対するいろいろな因縁もあったりします。それが、「相続」という場で一気に爆発する……ということがしばしば起こります。

「親しき仲にも礼儀あり」という言葉があります。これは、ある意味、円満相続のための秘訣なのではないでしょうか。

お互いに対してちょっとした思いやりや気遣い、配慮などを示し合うのが習慣化されていれば、さまざまな争いを回避しやすいですし、多少、関係がこじれた場合でも関係修復がしやすいはずです。

●第三者が入ることのメリット

遺産分割でもめないための対策として、もう1つオススメしたいのが、**信頼でき、かつ公平な「第三者」に入ってもらう**ことです。「家族」という話し合いの中に、こうした「第三者」が入ることの意味は大きいと考えます。

遺産分割でもめているご家族と接していて感じるのは、多くの場合、実際は「それほど、もめているわけではない」ということです。それぞれが自分の要望を主張して、話し合いはまとまらない状態になっていても、お互いに「相手を潰すこと」を最終目的にしているわけではないと感じるのです。

そして多くの場合、あれやこれや異論を唱えるとき、その根底に、「**自分の『想い』を誰かに聞いてもらいたい**」という気持ちがあるのではないでしょうか。

たとえば、この章の冒頭で述べた姉妹の例（219ページ）がまさにその典型でしょう。子どものころに自分のお気に入りのブラウスを姉に貸したら、その後、ずっと返してくれなかったことを根に持ち、遺産分割協議書になかなかハンコを押してくれなかった妹さんの例です。

この妹さんは、まさにその「想い」を誰かに聞いてほしかったのです。そして、その「想い」を当社の担当者に聞いてもらうことができ、かつ「それはつらかったですね」と受け止めてもらえたことで、姉に対するわだかまりは氷解し、ようやくハンコを押す気になったのだと思います。

家族は距離が近い分、お互いに言いすぎてしまい、それが争いに発展してしまうことが多々あります。そして、身内同士の気兼ねのなさゆえに、どんどん感情的になり、事態は収拾がつかない状態になっていきがちです。

そんなとき、第三者が間に入ってくれることは、ヒートアップしていくお互いの感情を今一度冷やすいい機会になります。一方で、こうした「仲介役」を身内の誰かが引き受けようとすると、「お前はどっちの味方なんだ！」と逆に火に油を注ぐ結果になりやすいようです。

先述したとおり、相続は「感情と勘定の交差点」です。これまでの家族関係を総決算するかのように、家族のメンバーそれぞれの中でさまざまな感情が動き出します。そうした感情は、外に出していかないと、お互いの中にどんどん溜っていきます。そうしたそれぞれの感情を吐き出していく相手として、「第三者」が適任なのではないかと私は考えているのです。

そして、この「第三者」は誰でもいいわけではありません。その家族の「誰か」をサポートする立場の人ではなく、**その家族全員に対して公平に接することができる人**です（その意味で、依頼人の利益を最大限にすることが仕事の弁護士は、この第三者向きではないと私は考えています）。

オススメなのは、第3章で述べた**「相続のプロ」を相談者として持つ**、ということです。ただし、「真の『相続のプロ』」でないと意味がありません。その見極めのコツについては、そちらで今一度、ご確認いただければと思います。（108ページ）

相続は家族間だけで抱え込まない。

これが円満相続を実現するための鉄則なのです。

おわりに

相続対策の本といえば、相続税の申告をする税理士、評価が難しいとされる不動産を評価する不動産鑑定士、もめ筋の遺産分割をまとめる弁護士先生などの本が一般的ではないでしょうか？

この本は、これら士業の先生が書いたのではなく、相続対策の世界で実務家として25年以上、相続事前対策、相続発生後の遺産分割や納税のお手伝い、相続関連の事後処理、名義変更など、相続の入口から出口までをワンストップで見続けてきた「財産コンサルタント」が書いています。その意味でも、今までの相続対策の本とは、ちょっと毛色のちがった本になったのではないかと思っています。

この本のタイトル「シン・相続対策」の「シン」には、次の想いを込めています。

『真』うわべだけでなく、実務の経験に裏付けられた本当の相続対策
『新』今までにない、新しい相続対策
『心』もめる原因は、財産の多寡ではなく、感情（心）の問題が大きく影響しているため、心に寄り添った相続対策
『神』すべての相続をもめないで終わらせる、神ワザの相続対策

私の自慢は、今までの相続対応で遺産分割が未分割での相続税申告がないこと。つまり、担当したすべての相続を期限までにまとめてきたことです。特別なことをしたわけではありません。相続人一人ひとりにしっかりと寄り添い、対応してきただけです。

『相続』が、家族が争う『争族』や、ずっとまとまらずに争い続ける『争続』にならないように、そしてみんなが笑顔で終われる爽やかな『爽続』になるよう、心から願っています。

２０２４年９月　成島　祐一

●著者紹介

成島　祐一（なるしま　ゆういち）

株式会社財産ブレーントラスト代表取締役。1965年7月生まれ。

1988年、積水ハウス株式会社入社。戸建注文住宅および相続対策としてのアパート受注の営業マンとして約12年間従事。『相続対策＝アパート建築』のスタンスに疑問を抱き、本当の相続対策を行いたいと考え、1999年株式会社船井財産コンサルタンツ（現：青山財産ネットワークス）に入社。主に個人の土地持ち資産家（都市農家、テニスクラブ、ゴルフ練習場等）の相続対策、相続発生後の遺産分割の取りまとめ、納税等業務を行う。財産ブレーントラストの設立に賛同し、2013年4月の業務開始より参画、現在に至る。『お客様の期待に超えるサービスの提供』がモットー。

著書に『相続財産は〝不平等〟に分けなさい』（2018年幻冬舎メディアコンサルティング）がある。

<主な保有資格>

CFP®
1級ファイナンシャル・プランニング技能士
公認不動産コンサルティングマスター
宅地建物取引士

編集協力　前嶋裕紀子

シン・相続対策

2024年10月29日　初版発行
©2024
著者　成島祐一
発行人　今井修
印刷　モリモト印刷株式会社
発行所　プラチナ出版株式会社
〒104-0031　東京都中央区京橋3丁目9－7
京橋鈴木ビル7F
TEL 03-3561-0200　FAX03-6264-4644
http://www.platinum-pub.co.jp

落丁・乱丁はお取り替えします。

ISBN978-4-909357-98-4